Entwicklung ohne Grenzen.
Gespräche über einen besonderen Standort.

»

Meine Vision ist, dass der Lakeside Park in zehn Jahren zu den weltweit besten Entwicklungsstätten auf einem Spezialthema im Bereich Vernetzung gehört. Ich bin guten Mutes, dass wir das schaffen.

«

Dietmar Schwarzenbacher
UNIQUARE GmbH

»

Wenn man im Jahr 2010 von europäischen Forschungs- und Entwicklungszentren in der IT spricht, dann sollte spätestens nach Sofia Antipolis der Lakeside Park in Klagenfurt genannt werden. Wir wollen ein international bedeutendes Topzentrum, sehr konzentriert auf Informatik und IT, werden.

«

Heinrich C. Mayr
Dekan der Fakultät für Wirtschaftswissenschaften und Informatik der Universität Klagenfurt

Ein Forschungs-
und Entwicklungszentrum,
direkt auf dem Campus
der Universität.

Lakeside
SCIENCE & TECHNOLOGY
PARK

Eine Bühne der Kooperation zwischen Unternehmen und Hochschulinstituten, Global Playern und regionalen, hochspezialisierten Kleinbetrieben.

Ein Ort der interdisziplinären Forschung und Entwicklung, Ausbildung, Produktion und Dienstleistung. Konzentriert auf ausgewählte Themen der Informations- und Kommunikationstechnologie.

Um diese Themen versammeln
sich im Lakeside Park Unternehmen
und Forschungsinstitute,
die sich synergetisch ergänzen,
mit der Absicht,
in ausgewählten F & E-Projekten
zusammenzuarbeiten:

Ein zeitlich unbeschränkter
Workshop betrieblicher Entwicklung
und universitärer Forschung,
von Experten aus Wirtschaft,
Technik und Kulturwissenschaft,
mit dem Ziel,
innovative Lösungen zu schaffen,
das Neue in die Welt zu bringen.

Lakeside Science & Technology Park GmbH | Lakeside B01 | A-9020 Klagenfurt | Austria
Telefon (+43-463) 22 88 22-0 | Fax 22 88 22-10 | info@lakeside-scitec.com | www.lakeside-scitec.com
FN 225787 s Landesgericht Klagenfurt | ATU 55750609 | DVR 2110837

Standort
Klagenfurt, direkt am Wörthersee

Region
Kärnten an der Schnittstelle zu Slowenien, Italien, Österreich

Umfang
Im Endausbau 28.000 m² Netto-Bürofläche, Österreichs größtes Technologieprojekt

Träger
Lakeside Science & Technology Park Gmbh, ein Tochterunternehmen der BABEG | Kärntner Betriebsansiedlungs- und Beteiligungsgesellschaft m.b.H. und der Stadt Klagenfurt

Gesamtinvestitionsvolumen
54 Millionen Euro; Drittelfinanzierung von Bund, Land Kärnten und Stadt Klagenfurt

Der Lakeside Science & Technology Park ist Mitglied im weltweiten Netzwerk der Technologieparks International Association of Science Parks (IASP), der European Business and Networking Association (EBN) sowie der Vereinigung der Technologiezentren Österreichs (VTÖ).

Lakeside
SCIENCE & TECHNOLOGY
PARK

»

Man glaubt, Kooperation ergibt sich von selbst, wenn man sich nur halbwegs sympathisch ist. Das ist vollkommen falsch.

«

Peter Heintel
Senatsvorsitzender der Universität Klagenfurt

Entwicklung ohne Grenzen.
Gespräche über einen besonderen Standort.

Eins und eins ist elf.

Kooperation Technologie Campus Kärnten

Lakeside
SCIENCE & TECHNOLOGY
PARK

»

Unsere Geschichte an der Schnittstelle der germanischen, slawischen und romanischen Kultur hat eine Mentalität herausgebildet, die sich leicht tut mit den Themen Kommunikation, Einfühlungsvermögen, Verständlichkeit. Fähigkeiten, die bei der Entwicklung globaler Kommunikationssysteme, wo es um Usability geht, eine große Rolle spielen.

«

Hans Schönegger
Vorstand des KWF | Kärntner Wirtschaftsförderungs Fonds und Geschäftsführer der Lakeside Science & Technology Park GmbH

Dietmar Schwarzenbacher

»Größenwahnsinnig werden Kärntner kaum«

Das ist umso beruhigender,
als Dietmar Schwarzenbacher
den Lakeside Science & Technology Park
in zehn Jahren bei den weltweit
besten IT-Standorten
im Bereich Telematik sieht.

Dietmar Schwarzenbacher

Dietmar Schwarzenbacher gehört zu den bekanntesten und erfolgreichsten Unternehmerpersönlichkeiten Kärntens. Mit der UNIQUARE Financial Solutions GmbH führt er ein weltweit agierendes Softwarehaus für den Finanzdienstleistungsbereich sowie COMMARO, ein Tochterunternehmen, das E-Commerce-Lösungen entwickelt.

Beide Unternehmen beschäftigen derzeit rund 250 Mitarbeiterinnen und Mitarbeiter. 1991 war der Selfmademan »Österreichischer Jungunternehmer des Jahres«, neben zahlreichen weiteren Auszeichnungen wurde dem Unternehmen 2002 und 2003 der CRM-Award der Finanzdienstleistungsindustrie verliehen.

Dietmar Schwarzenbacher arbeitet seit vielen Jahren intensiv mit der Universität Klagenfurt zusammen. Er gehört zu den Initiatoren des Lakeside Science & Technology Parks und wird mit einer Forschungs- und Entwicklungseinheit seines Unternehmens selbst dort präsent sein.

Herr Schwarzenbacher, als Softwareentwickler sind Sie in einer sehr dynamischen, schnelllebigen Branche tätig. Die Produktzyklen sind kurz, die Fähigkeit zur Innovation, zu schnell aufeinanderfolgenden, immer noch besseren Updates ist für Ihr Unternehmen existenziell. Wie managen Sie das Neue in Ihrem Unternehmen?

Wir versuchen, drei Einflussgrößen ständig im Auge zu behalten: Die Beobachtung des Kunden beim Einsatz unserer Produkte – daraus ergeben sich Erkenntnisse über Verbesserungspotenziale vor allem in Sachen Handling. Dann die Möglichkeit, aufgrund neuer Technologien Lösungen umzusetzen, die bisher noch nicht realisierbar waren. Und drittens, der schwierigste aber vielleicht wichtigste Bereich, die Weiterentwicklung eines Produkts aufgrund von Prognosen, wie sich der Markt unserer Kunden in Zukunft entwickeln wird. Unser auf Software für Finanzdienstleister spezialisierter Geschäftsbereich fragt sich permanent: was erwarten sich Bankkunden von ihrem Institut in fünf Jahren, wie schauen dort die Geschäftsprozesse in zehn Jahren aus?

Hier liegt sicher das größte Risiko für Sie; eine unvorhergesehene, überraschende Bewegung des Marktes, und manche Entwicklungsinvestitionen stellen sich als Irrtümer heraus.

Ja, das nimmt manchmal schon fast absurde Dimensionen an. Ich erzähle Ihnen ein Beispiel: In den letzten zehn Jahren gab es den CRM-Hype. [Customer Relationship Management, die Erfassung und Vernetzung von Kundeninformationen, um eine möglichst individualisierte Betreuung zu ermöglichen.] Das war eine Art Consulting-Modeströmung, auf die Softwarehäuser, Unternehmensberater und dann auch viele Kunden voll abgefahren sind. Dieser Trend hat sich so schnell durchgesetzt, dass die angebotenen Produkte und Beratungen unausgereift waren und Projekterfolge von unter 30 Prozent erzielt wurden! Über 70 Prozent der Kundeninvestitionen waren verloren, weil die Ergebnisse kaum im Geschäftsprozess verwendbar waren.

Wir hatten damit ein dreifaches Problem. UNIQUARE setzt auf das Kundenbeziehungsthema seit 15 Jahren – das war immer ein logisch integriertes Element unserer Lösungen. Jetzt kam also der CRM-Boom und wir wurden als Spezialist in diesem Segment wahrgenommen, was zu Beginn hieß, dass wir als kleine Firma gezwungen waren, sehr viel Geld zu zahlen, um überhaupt in den einschlägigen Publikationen und Rankings gelistet zu werden. Dann mussten wir plötzlich als erfahrener Spezialist gegen Außenseiter antreten, die für diese Lösungen eigentlich gar nicht tauglich waren – große Softwarehäuser, die mit gigantischen Marketingbudgets in diesen Markt einstiegen. Unser langjährig erfolgreichstes Produkt wurde plötzlich massiv konkurrenziert. Auf die Euphorie folgte die Ernüchterung und es brauchte etwa drei Jahre, bis der Markt realisierte, welche Produkte funktionieren und wer Qualität liefert. Das war für uns damals eine sehr kritische Situation.

Die Trefferquoten von Prognosen müssen immer beschränkt bleiben, vor allem bei solch chaosartigen Einflussfaktoren, wie Sie sie gerade schilderten. Was kann man denn als Führungskraft im F&E-Bereich tun, um die Tauglichkeit von Innovationen trotzdem so fundiert wie möglich einzuschätzen?

Das ist eine spannende Frage. Meine Antwort darauf ist: Einen möglichst hoch qualifizierten Dialog mit den wichtigsten Partnern am Markt zu führen. Der Lakeside Park nimmt übrigens genau diese Überlegung auf. In unserem Unternehmen sind die Entwickler permanent im Gespräch untereinander. Lösungen werden dadurch kritisch hinterfragt, ergänzt, verbessert. Dieser interne Dialog reicht heute nicht mehr. Wir benötigen dringend den regelmäßigen Austausch mit anderen Forschern, Entwicklern und Produzenten. Ich erwarte mir vom Lakeside Park durch die tägliche Begegnung mit den Wissenschaftlern der Universität und verwandten Unternehmen, die auf ähnlichen Themen arbeiten, eine höhere Qualität für unsere Entscheidungsfindungen.

Die Chance, einen Technologiepark auf dem Campus der Universität zu errichten, ist auch im internationalen Vergleich etwas Besonderes, das gibt's nicht oft.

Nun verfügen Wissenschaftler im akademischen Bereich und Unternehmer doch über ein sehr unterschiedliches Selbstverständnis. Ihr Haus arbeitet bereits seit Jahren mit der Universität Klagenfurt zusammen; wie erleben Sie die kulturellen Unterschiede zwischen einem Unternehmen, das rasch marktfähige Lösungen braucht, und der Uni, deren Auftrag in der Lehre und eher der Grundlagenforschung liegt?

Die Chance, einen Technologiepark auf dem Campus der Universität zu errichten, ist auch im internationalen Vergleich etwas Besonderes, das gibt's nicht oft. Die räumliche Nähe, die informelle, direkte Kommunikation ist für Forschungs- und Entwicklungsprozesse ideal.

Die Klagenfurter Uni ist sehr industrienah. Aber auch dort muss die Erfahrung, was Unternehmen brauchen, wie praktikable, marktfähige Lösungen rasch gefunden werden können, noch weiter wachsen. Die Institute benötigen noch mehr Wissen zu den Marktstandards, wie in der Praxis gearbeitet wird, was funktioniert, was nicht und so weiter. Im Grundlagenbereich, wo man zwanzig Jahre lang einen Gegenstand erforscht – notwendig zum Beispiel beim Thema Linguistik/Spracherkennung – funktionieren diese Partnerschaften heute schon optimal.

Der Lakeside Park eröffnet kleinen und mittleren Unternehmen die Möglichkeit, in ihren Forschungs- und Entwicklungsaktivitäten mit der Universität zu kooperieren. Was sollte Ihrer Erfahrung nach ein Unternehmen, das erstmalig eine solche Zusammenarbeit eingeht, besonders beachten?

Wichtig ist eine sehr sorgfältige Vermittlung meiner Bedürfnisse. Das Uni-Team sollte die Marktlage, das technische Umfeld und die Strategie des Partners wirklich verstehen. Dieser Prozess kann ein, zwei Jahre dauern, aber er lohnt sich, weil ich schaffe mir dabei die Basis für eine langfristige Zusammenarbeit mit außergewöhnlichem Potenzial.

Die Universität muss ihrerseits Kontinuität gewährleisten! Auf den Instituten herrscht ja eine permanente Fluktuation, Studenten machen ihren Abschluss, neue steigen ein. Das ist natürlich auch eine Qualität, aber die Professoren müssen garantieren, dass das während der Kooperation entstandene Wissen von Team zu Team weitergegeben wird, sonst wäre der Startaufwand nicht rentabel.

Drittens erwarten wir von unseren Uni-Partnern, dass sie in ihren internationalen Netzwerken relevante Informationen, Studien, Forschungsberichte recherchieren, an die kleinere Unternehmen normalerweise nur schwer herankommen. Das sind heute in Europa alles leider nicht gerade Standardprozesse. Aber die Qualität der Uni-Kooperationen entwickelt sich.

Was sind aus Ihrer Sicht naheliegende Kooperationsvereinbarungen, die einem Unternehmen vielleicht auch kurzfristig einen Nutzen liefern können, oder Aufträge, mit denen man eine solche Zusammenarbeit einfach testen könnte?

Da gibt es einige. Ein Beispiel: Nehmen wir an, es entwickelt sich eine neue Datenbankphilosophie und es gibt fünf Modelle. Die Universität – weil sie nicht unter Kostendruck steht – kann sich früher und intensiver damit beschäftigen. Wenn wir vor der strategischen Entscheidung stehen, auf welches Modell wir nun setzen sollen, bitten wir ein Uni-Team, die Vor- und Nachteile der einzelnen Systeme abzuwägen und uns ihre Erkenntnisse zu präsentieren. Das ist ein wichtiger Input für unsere interne Entscheidungsfindung. Solche Möglichkeiten gibt's viele, man muss nicht gleich mit einem komplexen Entwicklungsprojekt beginnen.

Die Klagenfurter Fakultät für interdisziplinäre Forschung und Fortbildung (IFF) verfügt über praktische Erfahrungen mit Teams aus Philosophen, Psychologen, Technikern, Betriebswirtschaftlern et cetera in betrieblichen Projekten.

Solche punktuellen Kooperationen wären auch ohne räumliche Nähe realisierbar. Wo sehen Sie das Potenzial der »Wohngemeinschaft« von Instituten und Firmen im Lakeside Park?

Eine der zentralen technologischen Herausforderungen der nächsten zehn Jahre ist die Vernetzung von so genannten smart devices, kleinen intelligenten Spezialgeräten. Zum Beispiel Herzschrittmacher, Insulindosierer, das intelligente Hörgerät, intelligente Kleidung mit Fasern, die auf Kälte und Wärme automatisch reagieren – im Auto gibt es bereits schon dutzende solcher Systeme. Das sind bis jetzt vielfach ordentliche Insellösungen, aber erst durch ihre Vernetzung entstehen optimale Leistungen. Wenn etwa ein Herzschrittmacher in lebensbedrohlichen Situationen den Notarzt ruft und die wichtigsten Daten gleich ins Rettungsfahrzeug sendet, dann entsteht ein neuer Sprung in der Nutzenqualität. Das Ziel des Lakeside Parks ist, diese Vernetzungskompetenz aufzubauen.

Dieser Ansatz bedingt die Zusammenarbeit zwischen Experten unterschiedlichster Fachdisziplinen: In einem derartigen Entwicklungsteam kooperieren etwa Mediziner mit Programmierern, Betriebswirtschaftlern, Telekommunikationsspezialisten, Designern und Verkehrsexperten in einem bisher kaum bekannten Ausmaß. Das allein dürfte schon ein »sprachliches« Problem sein.

In Klagenfurt haben wir eine Ausnahmesituation, es gibt seit vielen Jahren eine Fakultät für interdisziplinäre Forschung und Fortbildung (IFF), die sich exakt mit Fragen der Kooperation zwischen Wirtschaftsbetrieben und unterschiedlichsten Wissensbereichen auseinandersetzt. Diese verfügt über praktische Erfahrungen mit Teams aus Philosophen, Psychologen, Technikern, Betriebswirtschaftlern et cetera in betrieblichen Projekten. Dieses Wissen muss jetzt auch in andere Unibereiche vordringen. Gerade die Kulturwissenschaften gewinnen dabei zunehmend an Bedeutung.

Durch die Vernetzung des Menschen mit tausenden von Computern dringt die Technik immer weiter in die Intimsphäre des Menschen ein. Das Beispiel mit dem Herzschrittmacher zeigt einerseits das lebensrettende Potenzial dieser Lösung, andererseits werden Daten gewonnen, die zum Beispiel ethische Fragen berühren. Deswegen brauchen wir nicht nur Multimediaspezialisten, die die Schnittstelle zwischen Mensch und Maschine überhaupt verständlich, das heißt einfach bedienbar machen, sondern auch Philosophen und Psychologen, mit denen wir Sinn, Nutzen und Auswirkungen solcher Lösungen diskutieren. Klagenfurt hat diesbezüglich einen echten Vorsprung.

Wie schätzen Sie das Kooperationsklima zwischen den Unternehmen ein? Die Offenheit für Informationsaustausch und Zusammenarbeit ist sicher auch ein Ergebnis des globalen Konkurrenzkampfes. Gerade im ländlichen Bereich nehme ich ein Zusammenrücken wahr. Die alltägliche Erfahrung ist aber doch vielfach eine der Konkurrenz, des sich ständig verschärfenden Wettbewerbs, der wachsenden Vergleichbarkeit von Leistungen.

Das ist tatsächlich die größte Herausforderung! Ich nehme vor allem in Kärnten die grundsätzliche Entscheidung zur Zusammenarbeit als den schwierigsten Schritt wahr. Da gibt's die Angst des Kleinen vor dem Großen, der Firma A vor der Firma B – obwohl ich nicht glaube, dass diese Vorbehalte auf Basis von Erfahrungen beruhen. Ich spüre eher ein prophylaktisches Misstrauen, ausgenutzt zu werden.

In dem Moment, wo wir erste Erfolge im Lakeside Park haben, wird sich die Abwehrhaltung lösen. Deshalb ist es richtig, gerade jetzt zu Beginn Unternehmen von außen einzuladen, die genau wegen diesem Kooperationsangebot herkommen. Und da sind wir auf gutem Weg. Die meisten Lakeside-Bewohner haben sich niedergelassen, um in den Genuss der Zusammenarbeit mit einer spezialisierten Uni, Fachhochschule und einem Unternehmerkreis zu kommen, der die eigenen Produkte und Dienstleistungen mitverbessert.

Die Mieter im Lakeside Park bekommen hier das beste Wissen zu den geringsten Gesamtkosten. Fünf Unternehmen lassen etwas einmal entwickeln, statt wie bisher fünfmal!

Unsere Kommunikation ist gegen die lahmen Abläufe in den meisten Konzernen hoch beschleunigt. Und wir sind kooperationsfähig.

Diese Kooperationsnotwendigkeit und -kultur verändert zunehmend die organisatorische Struktur von Unternehmen. Die Grenzen betrieblicher Einheiten werden fließender, Teams wachsen mit externen Partnern je nach Bedarf rasch und schrumpfen wieder, die Firmenzugehörigkeit flexibilisiert sich weiter. Was bedeutet aus Ihrer Sicht diese Form der Zusammenarbeit für die Organisationsentwicklung?

Das ökonomische Potenzial solcher Partnerschaften ist enorm. Es gibt immer wieder Tätigkeiten, die in einem Unternehmen sehr wichtig sind, aber nicht permanent gebraucht werden. In einigen Fällen heißt das, wir beschäftigen wichtige Mitarbeiter, die zu bestimmten Zeiten über die Maßen ausgelastet und dann wieder längere Zeit unterbeschäftigt sind.

Ein Unternehmenspool von Gleichgesinnten kann gemeinsam beispielsweise Grundlagenentwickler oder Multimedialeute beschäftigen, die je nach Bedarf bei ihren Gesellschaftern zum Einsatz kommen. Natürlich heißt das, ich teile mein Wissen mit anderen. Das ist nicht sinnvoll, wenn es um mein ganz zentrales Know-how geht, aber in der Regel überwiegen aus meiner Sicht die Vorteile. Die Partner bekommen hier das beste Wissen zu den geringsten Gesamtkosten. Fünf Unternehmen lassen etwas einmal entwickeln, statt wie bisher fünfmal!

Wenn sich der Lakeside Park so entwickelt, wie Sie sich das wünschen, wo sehen Sie seine Möglichkeiten in sagen wir zehn Jahren?

Meine Vision ist, dass der Lakeside Park dann zu den weltweit besten Entwicklungsstätten auf einem speziellen Vernetzungsthema gehört. Das heißt, dass hier Entwicklungen gemacht werden, auf deren Basis Produkte entstehen, die niemand sonst hat. Dadurch wachsen Unternehmen am Standort und es entstehen neue. Ich bin guten Mutes, dass wir das schaffen.

Wichtig ist, die Beweglichkeit zu haben, den gemeinsamen Forschungsschwerpunkt immer wieder anzupassen. Derzeit fokussieren wird das parkübergreifende Thema auf Verkehrstelematik, die über ein gigantisches Vernetzungspotenzial verfügt. Verkehrstelematik berührt beispielsweise die Verbindung des Lenkers mit der medizinischen Infrastruktur bei Unfällen, den Tourismus, wenn man vom Auto aus etwa freie Hotelzimmer der Gegend abfragen will, oder Maut- und Verkehrsleitsysteme, um nur ein paar Anwendungen zu nennen. In der Endausbaustufe werden hier 2.000 Menschen arbeiten, wichtig ist deshalb, immer wieder zu hinterfragen, auf welchen Themen wir mit dieser Belegschaftsgröße die Nummer Eins sein können.

Wenn mir das der Vorstand des MIT, der gerade einen Technologiepark in Helsinki initiiert, ins Mikrofon prophezeit, wäre ich etwas weniger verblüfft. Auf was begründet sich Ihr Optimismus?

Schauen Sie, UNIQUARE ist ein Unternehmen mit über 200 Mitarbeiterinnen und Mitarbeitern und wir produzieren die weltbesten Business Process Systeme für Banken, wesentlich besser als jene von IBM oder Accenture, die das 100-fache in dieses Thema investierten. Warum?

Unsere Leute sind nicht besser, aber wir sind durch unsere Kleinheit motivierter, schneller, transparenter, anpassungsfähiger. Jeder ist an dem Platz, den er am besten ausfüllt, unglückliche Mitarbeiter, uneffiziente Strukturen fallen sofort auf. Unsere Kommunikation ist gegen die lahmen Abläufe in den meisten Konzernen hoch beschleunigt. Und wir sind kooperationsfähig. Wenn jeder im Lakeside Park sein Spezialknow-how einbringt, mit seiner Motivation und Flexibilität, dann schlagen wir größere Einheiten immer.

Für eine Spitzenleistung auf einem ausgesuchten Spezialthema ist der Kärntner Arbeitsmarkt absolut ausreichend.

Klein sein und bleiben als Qualität?

Kleinere Strukturen schaffen mehr Qualität, mehr Innovation und eine höhere Wirtschaftlichkeit. Meine Erfahrung ist, dass wir im Vergleich mit großen Softwarehäusern dieselbe Aufgabenstellung mit zehn Prozent des Aufwandes schaffen. Spezifisch im Hightech-Bereich ist das Zusammenspiel der einzelnen Beteiligten entscheidend. Dieselben zehn Leute nach dem Modell A oder nach dem Modell B eingesetzt, erreichen im Ergebnis Unterschiede von eins zu zehn. Ich kenne die Stärken und Schwächen meiner Entwickler und setze sie genau dort ein, wo sie ihre Talente entfalten können und daneben habe ich jemanden, der deren Schwächen kompensiert. Aus der Zusammensetzung des Teams weiß ich schon relativ genau, was dort für ein Ergebnis herauskommen wird.

Das heißt nicht, dass das Team optimal ist, aber ich weiß, bei wem der Controller genau darauf schauen muss, wo wir eine sorgfältige Testphase vorsehen müssen und so weiter. Eine große Firma ist diesbezüglich im Blindflug unterwegs, die bilden Teams nach offiziellen Profilen, aber wo diese Mitabeiterin verlässlich ist, was der am liebsten tut oder gar nicht kann, liest man halt nicht aus einer Ausbildungs-beschreibung heraus.

Ich spiele jetzt den advocatus diaboli: Trotzdem können Unternehmen im ländlich strukturierten Kärnten nicht auf das große Potenzial einschlägig ausgebildeter Mitarbeiterinnen und Mitarbeiter von Metropolen zurückgreifen und das Informatikinstitut in Klagenfurt verfügt nicht annähernd über die Mittel irgendeiner renommierten amerikanischen Universität.

Wir müssen, um nach Brüssel zu fliegen, schon um sechs Uhr früh aufstehen, die Frankfurter erst um acht. Das ist ein Nachteil, dafür haben wir die herrliche Gegend hier.

Unsere Märkte sind längst international, auch ein Londoner IT-Unternehmen hat seine Kunden nicht in London. Das ist also auch nicht relevant.

Zum Arbeitsmarkt: Kärnten verfügt im Verhältnis zu seiner Bevölkerung über eine unterdurchschnittliche Anzahl von Unternehmen. Mit dem Effekt, dass bei uns gute Leute in Jobs arbeiten, die ihren Fähigkeiten nicht entsprechen. Ich sehe das in der Schweiz, die haben eine so hohe Dichte an hervorragenden Unternehmen, dass es schwierig geworden ist, Toppositionen zu besetzen. Dort treffe ich Führungskräfte, die bei uns in der dritten Reihe arbeiten würden. Für eine Spitzenleistung auf einem ausgesuchten Spezialthema ist unser Arbeitsmarkt absolut ausreichend.

Die amerikanischen Unis sind deshalb so gut, weil sie intensiv mit der Wirtschaft kooperieren. Denn bei Spezialthemen sind Unternehmen immer weiter als Bildungseinrichtungen, die ihre Stärken eher im Grundlagenbereich besitzen. Das heißt, durch Vernetzung mit anderen Instituten und Wirtschaftskooperation im Spezialbereich kann der von Ihnen angesprochene Nachteil aufgeholt werden.

Wo sehen Sie die Ursache für die geringe Anzahl an Unternehmen hier?

Es gibt ein Manko in der Mentalität der Kärntnerinnen und Kärntner: Wenig Selbstvertrauen. Wir stehen im Sommer vor jedem deutschen Taxler, der bei uns Urlaub macht, habt-Acht, weil er nach der Schrift redet und wir deshalb glauben, dass der dreimal intelligenter ist als wir. Das hat auch Vorteile, größenwahnsinnig werden Kärntner kaum.

Durch den ständigen Kontakt mit unterschiedlichen Kulturen liegen unsere Fähigkeiten dafür in der Menschenkenntnis. Das berührt auch wieder das Lakeside-Thema der Schnittstelle zwischen Mensch und Maschine. Ich glaube, dass wir in diesen sensiblen Kommunikationsfragen über eine gewachsene Kompetenz verfügen.

In Amerika erlebe ich oft die Hybris der wirtschaftlich leistungsfähigsten Nation der Welt, die Standards vorgibt und sich nicht in andere Gepflogenheiten, Kulturen und Mentalitäten einfühlt und damit oft so falsch liegt wie nur was.

Wir mussten lernen, mit der Entschiedenheit des deutschen, der Melancholie des slawischen und der Wendigkeit des italienischen umzugehen. Ich sehe das, wenn wir in Asien oder im arabischen Raum arbeiten: in fünf Minuten wissen wir, wie man sich dort zu benehmen hat, um in echte Kooperation zu kommen. Manche Europäer brauchen dafür ein Jahr, Amerikaner begreifen das in Regionen wie diesen ihr Leben lang nicht.

Beim Thema Verkehrstelematik muss ich die Bedürfnisse und Situation eines Betrunkenen, einer kranken Frau oder eines ausländischen Touristen verstehen, das fällt uns Kärntnern sicher leichter als manch anderen.

Sie sind ein leidenschaftlicher Unternehmer, arbeiten sehr viel. Haben Sie noch die Zeit, um die herrliche Landschaft hier zu genießen?

Ja, und man kann Arbeit und Natur auch verbinden, ich mache zum Beispiel manchmal Meetings mit ausländischen Geschäftspartnern auf einem Boot am See.

Was lieben Sie persönlich an Kärnten?

Eigentlich die sentimentale Wärme der Menschen hier. Wenn jemand hier herzieht, braucht es vielleicht etwas, bis die Beziehungen aufgebaut sind, aber dann sind das herzliche, warme Freundschaften.

Boote in Pörtschach
am Wörthersee:
Franz Wunder
Telefon (+43-4272) 36 86
info@wunderhaus.at
www.wunderhaus.at

Edgar Rappold

Die Sympathie in der Zusammen-arbeit – oder »Simma lieber gleich bös«

Ein Gespräch mit einem Könner der Kooperation
über Erfolg, Führung und Disziplin
betrieblicher Forschungs- und Entwicklungsarbeit.

Edgar Rappold

Dr. Edgar Rappold ist geschäftsführender Gesellschafter der auf Schleiftechnik spezialisierten Rappold Winterthur Technologie GmbH. Die Produktionsstandorte des außergewöhnlich innovativen Unternehmens, das rund 600 Mitarbeiterinnen und Mitarbeiter beschäftigt, befinden sich in Kärnten, der Schweiz und Schweden.

Er ist Inhaber entscheidender Patente dieser Branche und verfügt im Vergleich über einen außergewöhnlichen Output seiner Forschungs- und Entwicklungsaktivitäten.

Dr. Edgar Rappold ist schweizerisch-österreichischer Doppelstaatsbürger und lebt in Zürich. Rund alle zwei Wochen nimmt er für ein paar Tage an seinem Schreibtisch in Villach Platz und führt die Geschäfte vor Ort, um danach wieder in Schweden und der Schweiz präsent zu sein.

ANDREA PALLADIO
ANDREA PALLA

Ein erfolgreicher Mensch ist jemand, der Menschen mag.

Herr Rappold, Ihr Unternehmen ist in ständiger Kooperation mit verschiedenen Forschungsinstituten, etwa mit der Montanuniversität Leoben, dem Fraunhoferinstitut in Dresden und auch ergänzenden Partner-Unternehmen. Auf was achten Sie beim Start einer solchen Zusammenarbeit besonders?

Für den Erfolg der Zusammenarbeit ist natürlich die Auswahl des Partners entscheidend, denn nicht die Verträge schaffen das Neue, sondern Menschen. Aber ich achte sehr auf klare, schriftliche Vereinbarungen, die die notwendige Basis schaffen, um Missverständnisse zu vermeiden und Spielregeln zu klären.

Die Ergebnisse unserer Forschungskooperationen sind im Idealfall Erfindungen und deren Besitz und Nutzung muss von vornherein transparent und unmissverständlich geregelt sein. In diesen Verträgen ist beispielsweise geklärt, wer das Patent anmelden kann und wie finanzielle und rechtliche Abgeltungen erfolgen.

Welche Rolle spielt für Sie die persönliche Beziehung zu einem potenziellen Partner?

Ich glaube, das ist das Allerwichtigste. Ohne eine Grundsympathie fange ich eine Kooperation erst gar nicht an. Erfolg kommt eigentlich daher, dass man die Leute mag. Das ist überhaupt eine ganz wichtige Eigenschaft. Ein erfolgreicher Mensch ist jemand, der Menschen mag. Deswegen ist mein Zugang zu Menschen immer auch ein persönlicher.

Bei den ersten Gesprächen über mögliche Kooperationen bin ich deshalb besonders wachsam, ob, abgesehen vom fachlichen, auch eine persönlich erfreuliche Zusammenarbeit entstehen kann. Und wenn ich merke, jemand ist sehr schwierig, dann schreibt man halt einen netten Brief und bedankt sich für das Gespräch. Meine Mutter hat immer gesagt »simma lieber gleich bös«. Damit meinte sie, lieber gleich eine Abgrenzung, als später, wenn es dann schon Verbindlichkeiten gibt und ein Ende der Zusammenarbeit für beide Seiten problematisch wird.

Sie führen ein Unternehmen mit einer rund 130-jährigen Geschichte. Es scheint gerade für Betriebe mit historischen Wurzeln nicht immer leicht zu sein, zu kooperieren. Diese Firmen wurden oft wie Burgen geführt, sehr konkurrenzorientiert, abgegrenzt und den überlieferten Stolz des großen Pioniers ausstrahlend.

Diese Kultur gab es bei uns auch. Ich komme aus einer Vergangenheit, in der das Unternehmen sehr verschlossen und abweisend war. Vor allem das Bewusstsein der eigenen Qualität war damals ungeheuer ausgeprägt. Durch den geringen Kontakt zu den Mitbewerbern glaubte jeder, er sei der Beste.

Meine persönliche Geschichte und Ausbildung ermöglichte mir jedoch eine ganz andere Sichtweise aufzunehmen, die mich zu Offenheit und Kooperation befähigte. Ich bin zwar in Wien geboren, aber in der Schweiz aufgewachsen und die Schweizer sind im Gegensatz zu den Wienern sehr lernwillig, sehr neugierig und offen für Neues. Dort gibt's nicht diese »eh- scho-wissen-Mentalität«, die reflexhafte Abwertung einer neuen Idee oder Entwicklung, sondern eher die Lust, sich damit optimistisch auseinanderzusetzen. Dazu kam, dass meine Mutter ein sehr polyglotter Mensch war und die Extravaganz besaß, mit uns daheim französisch zu sprechen. Meine Dissertation schrieb ich bei einem englischen Doktorvater, ich hab dann in der Industrie gearbeitet, ein eigenes Beratungsunternehmen aufgebaut und dadurch erfahren, dass es mit dieser Verschlossenheit und Dünkelhaftigkeit nicht geht.

Und als mein Vater gestorben ist und ich mich entschieden habe, das Unternehmen zu übernehmen, begann ich auf eine ganz andere Art zu führen wie er. Das hat mir sehr viel Erfolg gebracht. Ich habe dann zum Beispiel meine größten schweizer und schwedischen Mitbewerber in unsere Gruppe integriert und wir haben gesehen, wie gut die waren und was wir von denen alles lernen konnten.

Mit einem Wortschatz von 500 Vokabeln kann man nicht das Herz eines Menschen berühren, sein Freund werden.

Sie sprechen fließend englisch, französisch, italienisch und auch noch schwyzerdütsch. Wie wichtig war für Sie diese internationale Kultur Ihrer Familie bei der Führung des Unternehmens?

Ich glaube, meine Kommunikationsfähigkeit war letztlich entscheidend für unseren Erfolg. Dazu gehört die vorhin erwähnte grundsätzliche Sympathie für Menschen und die Fähigkeit, ihre Sprache zu sprechen. Mit einem Wortschatz von 500 Vokabeln kann man nicht das Herz eines Menschen berühren, sein Freund werden.

Wichtig war auch, dass ich zu Beginn meiner Tätigkeit selbst verkauft habe. Ich habe beispielsweise bei großen potenziellen Kunden angerufen, um einen Präsentationstermin für meinen Technikchef zu vereinbaren, den ich damals gar nicht hatte, bin dann selbst als mein Technikchef aufgetreten und habe mit Begeisterung unsere Produkte präsentiert. Das hat mir das entscheidende Gefühl für die Kundenwünsche, deren Anliegen und Alltag vermittelt, die ich dann wieder in unserer Entwicklungsarbeit umgesetzt habe.

Die personelle, kulturelle Substanz eines Unternehmens ist sein wahrer Wert und da geht es um andere Horizonte, als jene, die üblicherweise von nervösen Shareholdern begriffen werden können.

Sie haben in Ihrem Unternehmen ein sehr konsequentes Führungssystem aufgebaut, das vom Management bis zu den Arbeitern an der Maschine persönliche Ziele vorgibt. Funktioniert diese Methode auch im Bereich der Forschung und Entwicklung?

Unbedingt, besonders da! Aber noch besser, als Ziele vorzugeben, ist, die Leute selbst nach ihren Zielen zu fragen. Dann ist die Freude an der Arbeit am größten, wenn die Teams ihre selbst gesteckten Ziele verfolgen und erreichen.

Gleichzeitig habe ich aber auch sehr viel Geduld, ich bin bereit, bei Entwicklungen mehrere Eisen ins Feuer zu legen, Flops zu riskieren, an etwas sehr lange dranzubleiben und aufmerksam, begleitend zu warten. Ich verabscheue auch jede »hire-and-fire-Personalpolitik«, bei der die Leute schnell eingestellt werden und wenn sie es nicht gleich bringen, rausgeschmissen werden. Wir haben hier extrem wenig Fluktuation. Das ist außerordentlich wichtig. Ich verfolge langfristige, drei- bis fünfjährige Perspektiven. Mir tun Manager mit einjährigen Bilanzscheuklappen Leid und ich glaube auch nicht, dass die letztlich erfolgreich sein können. Die personelle, kulturelle Substanz eines Unternehmens ist sein wahrer Wert und da geht es um andere Horizonte, als jene, die üblicherweise von nervösen Shareholdern begriffen werden können.

35 Prozent unserer Produkte sind nicht älter als drei Jahre. Das ist das Resultat einer Haltung der ständigen Bewegung, der ständigen Erneuerung.

Bei Uni-Kooperationen ist auch wichtig, dass sie Leute darauf ansetzen, die alters- oder mentalitätsmäßig nicht zu weit weg von der Uni sind, damit die gleiche Sprache gesprochen wird.

Wie verstehen Sie Ihre Rolle als Leiter des F&E-Bereichs Ihres Unternehmens? Was sind aus Ihrer Sicht dort die Aufgaben einer Führungskraft, um kontinuierlich Innovationen hervorzubringen?

Ich verstehe mich als Impulsgeber, Zuhörer, ich treffe Entscheidungen, wenn ein Team in eine Sackgasse geraten ist, versuche zu helfen, da wieder rauszukommen. Ich bin Moderator und auch Mediator, jemand, der hilft, bei Problemen wieder die Kurve zu kratzen. 35 Prozent unserer Produkte sind nicht älter als drei Jahre. Das ist das Resultat einer Haltung der ständigen Bewegung, der ständigen Erneuerung. Ich bin verantwortlich für diesen Geist. Natürlich gehe ich den Leuten damit auch schrecklich auf die Nerven, die sind dann froh, wenn ich wieder wegfahre. Zum Glück sind sie auch froh, wenn ich wieder komme.

Die Führungskraft als Vorbild der Unruhe, das noch Bessere zu finden?

Ja, und das gilt nicht nur für F&E. Ich glaube, sie müssen als Führungskraft immer alles vorleben, das sie von anderen erwarten. Wenn sie als Manager im Büro Havannas rauchen und Cognac trinken, wird ihre Mannschaft nicht sparsam sein, wenn sie um drei ihre Yacht am Wörthersee entern, gehen ihre Leute um vier an den Faakersee baden.

Ich gehe gerne in die dritte Schicht nach Mitternacht, um zu sehen, was die machen. Nicht, um zu kontrollieren, sondern, um dabeizusein. Ich bin am 23. Dezember hier oder in unserem Werk in Schweden, aus Solidarität. Dadurch entsteht dieser Geist, von dem wir gesprochen haben. Es geht um die Permanenz des Beispielgebens, bis alle in die richtige Richtung gehen.

Sie waren selbst Assistent an der Eidgenössischen Technischen Hochschule in Zürich (ETH) und sind in ständiger Kooperation mit unterschiedlichen Universitätsinstituten. Was raten Sie einem Unternehmen, das erstmals in eine solche Zusammenarbeit einsteigt?

Universitäten arbeiten normalerweise mit einer ganz anderen Bedächtigkeit, wie wir es in der Industrie gewohnt sind. Die muss man versuchen, zu reduzieren, ohne dabei den Partner zu kränken. Wichtig ist, sich die Zeit zu geben, um am Anfang Verständnis füreinander zu entwickeln, sie müssen beim Start Geduld investieren. Andererseits dürfen die Unis das Tempo des Wirtschaftspartners nicht als kapitalistische Profitgier abwerten.

Ich hatte am MIT in Amerika zu tun, wo diese Prozesse hervorragend funktionieren, weil die eben eine jahrzehntelange Praxis der Kooperation zwischen Wirtschaft und Hochschule kennen.

Wichtig ist auch, dass sie Leute darauf ansetzen, die alters- oder mentalitätsmäßig nicht zu weit weg von der Uni sind, damit die gleiche Sprache gesprochen wird. Sonst gibt es zu dem Aufeinandertreffen zweier unterschiedlicher Kulturen auch noch einen Generationenkonflikt und den wird es immer geben, das können sie nicht wegreden.

Was vielfach noch fehlt, ist, dass die Universitäten ihr Angebot verständlich und klar beschreiben, sodass wir von der Wirtschaftsseite auch verstehen, was wir dort kaufen können. Sie müssen ihren Kundennutzen noch viel klarer herausarbeiten. Das ist bis jetzt leider nicht die Stärke der Uni, von Marketing wissen die noch wenig. Auch Hochschulen müssen versuchen, eine Marke zu werden.

Definieren sie Berichtsabschnitte, geben sie pro Meilenstein ein Ziel vor, überdenken sie pro Bericht die Ziele neu und adaptieren sie sie gegebenenfalls. Die Amerikaner sagen »what isn't measured doesn't get managed«.

Wo sehen Sie die Hauptvorteile in der Zusammenarbeit mit universitären Forschungsinstituten?

Wir bekommen Zugang zu einem Ausbildungsniveau, das wir uns intern gar nicht leisten könnten. Wir finden dort Leute mit einem Wissen, das weit über unseres hinaus geht, vor allem im Grundlagenbereich und nutzen technische Einrichtungen, die wir nicht finanzieren können und wollen. Und das alles zu einem hochinteressanten Preis.

Gerade bei Teams, die nicht im eigenen Haus arbeiten, ist kontinuierlicher Kontakt besonders wichtig. Wie begleiten Sie den Prozess der Zusammenarbeit mit externen Entwicklern?

Gerade bei Uni-Kooperationen ist das Berichtswesen sehr wichtig. Da haben wir auch schon schlechte Erfahrungen gemacht. Sie brauchen regelmäßige Statusbeschreibungen des Projekts, sonst kann sich das in die falsche Richtung entwickeln und merken es nicht.

Die Dokumentation darf nicht vernachlässigt werden. Gerade junge Leute mögen das nicht, ich verstehe das, das ist langweilig, aber ich bin da sehr streng, sehr schweizerisch. Das haben wir an der ETH wirklich gelernt: saubere Berichte, perfekte Form, pünktliche Abgabe. Diese Disziplin muss die Führungskraft in die Kooperation hineintragen. Und dann kann man ja erst wirklich sagen, ob was aus dem Projekt wird. Definieren sie Berichtsabschnitte, geben sie pro Meilenstein ein Ziel vor, überdenken sie pro Bericht die Ziele neu und adaptieren sie sie gegebenenfalls. Die Amerikaner sagen »what isn't measured doesn't get managed«. Was man nicht messen kann, kann man nicht managen. Dann wird es gut gehen, das ist meine Erfahrung. Wir erzielen sehr gute Ergebnisse in unseren Uni-Kooperationen!

Ich habe hier die beste Produktivität bei ähnlichem Lohnniveau wie in Schweden.

Fällt Ihnen selbst diese Diszipliniertheit leicht?

Jein. Mir fallen schon am frühen Morgen Verbesserungsvorschläge oder Produktideen ein, die ich mir dann sofort notiere. Wenn man so wie ich eine etwas manische Ader hat, dann braucht man auch andere, die dir sagen, du überforderst das System und deine Mitarbeiter. Mir hilft in diesem Fall, aufzuschreiben was mir einfällt und beim Durchlesen am nächsten Tag relativiert sich die sensationelle Idee von gestern zu einem ganz netten Vorschlag, den man sich überlegen kann. Für mich besteht die Disziplin darin, das richtige Tempo zu finden für mich und auch für meine Leute.

Durch Ihre internationale Erfahrung verfügen Sie über einen Vergleich verschiedener Standorte. Was erzählen Sie einem schwedischen Manager, der sich mit dem Gedanken trägt, mit einer F&E-Einheit in den Lakeside Park zu kommen, über Kärnten und die Kärntner?

Man findet hier sehr freundliche Menschen, die ohne Formalismus an die Sache herangehen und sehr umsetzungsorientiert sind. Es gibt hier mittlerweile gut ausgebildete Techniker und Leute, die englisch sprechen. Kärnten ist ein guter Standort.

Und nicht zu unterschätzen ist die wunderbare Landschaft hier. Lebensqualität spielt für internationale Manager eine immer größere Rolle. Ich erlebe das in Schweden, durch die wenigen Stunden Tageslicht im Winter wird man traurig, die können da gar nichts dafür. Was glauben Sie, warum sind die Kärntner so fröhlich? Weil sie Licht haben! Ich habe hier die beste Produktivität bei ähnlichem Lohnniveau wie in Schweden.

Die Kärntner sind alpine Menschen, aber haben bereits die Gunst des Südlichen, das Klima der Alpensüdseite. Das ist wunderbar hier. Eine hohe Arbeitsmoral und schon ein bisschen die Leichtigkeit des Mediterranen.

Ella Ferguson

Piratin, Bäuerin, Lowtech-Unternehmerin

Ein Gespräch mit einer weit gereisten,
großstädtischen Insulanerin
über die Entwicklung eines neuen, alten Produktes
und wie sie hier in den Kärntner Karawanken
Land, Menschen und Mentalitäten erlebt.

Ella Ferguson

Ella Ferguson betreibt ihr Unternehmen auf einem hoch gelegenen Bergbauernhof in Kärnten. Sie züchtet mit ihrem Mann Ziegen und Schafe, deren Wolle und Fett die Basis für handgearbeitete Decken und Seifen sind.

In London aufgewachsen, leitete sie nach einer Reihe von Auslandsaufenthalten einen Surfshop und später dann zwei Surfschulen in Wien, bevor sie Ende der achtziger Jahre im sonnigsten Dorf Österreichs, Diex, auf 1.100 Metern Seehöhe strandete.

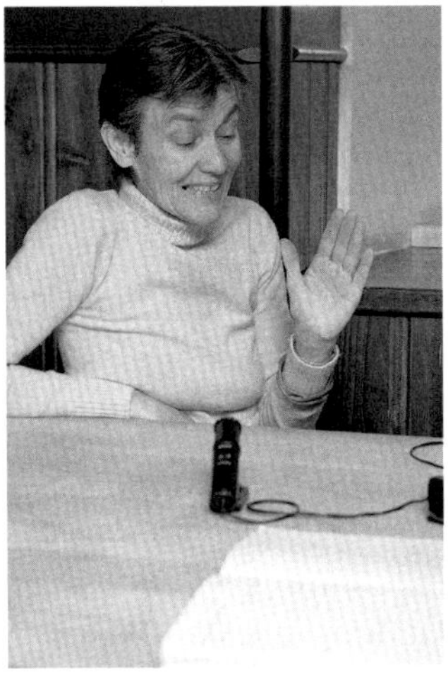

Die Übung des Alleinseins in der Natur gibt einem das Gefühl, nicht mit der Herde mitzulaufen und stärkt das Selbstbewusstsein, Neues zu wagen.

Frau Ferguson, wie kam es, dass Sie in Kärnten auf die Seife gekommen sind?

Mein Mann und ich haben uns für Landwirtschaft interessiert und hier in Kärnten gibt es einen sehr schönen Bauernhof, der mit Behinderten biologisch-dynamische Landwirtschaft betreibt. Dort haben wir ein Jahr praktiziert und dann einen Hof gepachtet, wo wir auf 1100 Metern ursprünglich nur Milchwirtschaft gemacht haben. Wie das so ist, hat die Frau es dann geschafft, eine Ziege in den Stall reinzubringen, dann ein Schaf und irgendwann haben wir ganz auf Schaf- und Ziegenzucht umgestellt. Heute haben wir etwa hundert Schafe und ich bin sehr stolz darauf, dass unser Haupterwerb nicht Fleisch ist, sondern Wolle, aus der wir Stepp- und Unterdecken produzieren. Sozusagen als Spin-off dieser Schafwirtschaft kam dann die Seife dazu.

Ich habe gelesen, dass Sie anfänglich unter anderem auf der Grundlage von Rezepturen aus Amerika und Afrika gearbeitet haben, bevor sich Ihr eigener Stil entwickelt hat. Ist Seife auf der Basis von Schaf-Fett ein Wissen, das es hier im alpinen Raum gegeben hat?

Ja, ich bin auch hier in Kärnten zum ersten Mal darauf gestoßen. Als mein Mann beim Schafscheren auf einem anderen Hof aushalf, entdeckte ich dort etwa vierzig Jahre alte, riesige Seifenstücke in einer Scheune, die noch von der Großmutter des heutigen Bauern gemacht worden waren. Das war so etwas wie Liebe auf den ersten Blick und es begann ein sehr langer Weg, um Rezepturen zu finden, dann den eigenen Weg zu gehen und ein perfektes, zeitgemäßes Produkt zu entwickeln. Erschwert wurde dieser hochkomplexe, sehr beobachtungsintensive Prozess, weil ich überhaupt keine Chemikerin bin, eher eine Hexe, die sich in ihrer Küche wohl fühlt. Bis ich eine halbwegs konstante Qualität erzeugen konnte, dauerte es von da an ganze drei Jahre.

Der Lakeside Science & Technology Park ist ein Ort, an dem neue Entwicklungen entstehen sollen, der sich auch mit räumlichen, organisatorischen oder sozialen Bedingungen beschäftigt, die Erfindungen begünstigen. Wie entstehen bei Ihnen Ideen, Optimierungen, wie kommt bei Ihnen das Neue in die Welt?

Ich brauche, um sie zu entwickeln, vor allem Ruhe und dafür ist Kärnten ideal. Diese dünne Besiedelung, die Landschaft, das ist fruchtbar für mich. Hier hat man die Möglichkeit, mitten in der herrlichen Bergwelt der Karawanken alleine zu sein. Auch das ist ein Rezept für Kreativität und Entwicklung. Die Übung des Alleinseins in der Natur gibt einem das Gefühl, nicht mit der Herde mitzulaufen und stärkt das Selbstbewusstsein, Neues zu wagen. Ideen zu haben, ist im Übrigen für mich kein Problem. Das Problem ist, dass sie zur richtigen Zeit kommen, denn man kann sie zu früh oder zu spät haben. Ideen brauchen vor allem einen Nährboden, denn wenn man sie hat – das ist noch nichts Besonderes –, kann man auch nichts damit tun.

Das Problem ist, dass einen die Muse küsst, wann sie will.

Man kann schon einiges gezielt dafür tun. Ich finde zum Beispiel, dass in Entwicklungsteams, gerade technischer Unternehmen, unbedingt immer auch Frauen reingehören, denn wenn man sie lässt, haben sie die wirklich guten Ideen.

Ich schreibe das.

Ja, bitte! (lacht)

Informationen
zu Seifen und Decken
von Ella und James Ferguson
finden Sie unter:
www.bioweb.at.tf

> In Kärnten findet man hervorragende, sehr fleißige Arbeitskräfte. Ich möchte im Gegensatz dazu nie einen Engländer anstellen, der hat viel zu viel Eigenleben, denkt viel zu viel an Geld und ist viel zu beweglich.

Durch Fremdsein, in einem neuen Team, einer neuen Branche oder einem anderen Land, verfügt eigentlich jeder Mensch über eine ganz natürliche Sensibilität für Verbesserungspotenziale, da das Bestehende für den Neuankömmling relativ ist und hinterfragt wird. Welchen Stellenwert hat für Sie die Außenperspektive der Zugezogenen?

Als jemand, der von woanders kommt, weiß man, dass es zumindest nicht nur eine Möglichkeit, einen Zugang zu einem Problem gibt. Ich glaube beispielsweise, dass das Reisen überhaupt eine ganz zentrale Inspirationsquelle ist. Und auch den Blick des von außen Kommenden könnte man wiederum ganz gezielt in Teams, die Innovationen hervorbringen sollen, reinholen, indem man einfach temporäre Teambesetzungen aus verschiedenen Unternehmensstandorten zusammenstellt, oder als Kleinbetrieb Studenten, Freelancer auf Zeit mit den eigenen Leuten kombiniert. Wechsel öffnet.

Sie beginnen jetzt Ihre Seifen breiter zu vermarkten und organisieren Ihren Vertrieb nun zunehmend über ausgesuchte Händler in den Großstädten. Haben Sie in letzter Zeit daran gedacht, deshalb von Kärnten wegzuziehen?

Ja, und es stand eine Zeit lang im Raum, eventuell wieder nach Wien zu gehen. Ich habe darüber lange nachgedacht und bin zu dem Schluss gekommen, dass ich das keinesfalls tun werde!

Ich glaube nicht, dass eine andere Landschaft mir die Inspiration bringt, die ich hier in Kärnten habe. In Wien, auch außerhalb, zum Beispiel am Neusiedlersee, habe ich nicht den Freizeitwert, den ich hier finde. Wenn ich in den Karawanken wandern gehe oder Schi fahre, dann ist das für mich ganz was anderes als in Tirol, Kärnten bietet hier eine wirklich tolle Qualität. Und dann kommt noch die hervorragende Lage dazu: Ich bin in drei Stunden am Meer, in drei Stunden in Salzburg, in drei Stunden in Wien, in drei Stunden bin ich in Venedig. Wo habe ich das sonst? Und das in einem Land, das nicht überbevölkert ist oder ökologisch angeschlagen.

Wie haben Sie als Engländerin, die Ende der sechziger Jahre nach Wien gegangen ist, Österreich erlebt?

Das Besondere war für mich damals das Gefühl, absolut im Festland drinnen zu sein, in dieser zentralen europäischen Lage. Dann diese imperialistische Atmosphäre …

… diesbezüglich hat aber London auch einiges zu bieten.

Das hat aber bei uns mehr einen piratenhaften Charakter, während in Wien die Macht eher beamtenhaft ausgeprägt ist. Wien war damals am Eisernen Vorhang atmosphärisch sehr dunkel für mich. Aber die Tatsache, meinen leichten, flüchtigen englischen Charakter dann doch mit dem eher schweren, mitteleuropäischen, etwas melancholischen Charakter zu vereinbaren, hat mich enorm weitergebracht.

Melancholie findet man auch in Kärnten. Es gibt ja folgenden Spruch: sitzen zwei Kärntner zusammen, singen sie »i bin so alaan«. Natürlich sind Verallgemeinerungen immer falsch, aber es gibt das sympathische Klischee, dass die Kärntner gleichzeitig auch sehr heitere und zugängliche Menschen seien.

Das Heitere empfinde ich hier als kindlich. Die Kärntner sind sehr vertrauensvoll, was aber auch dazu führt, dass sie gerne folgen, sie lassen sich gerne führen, auch politisch. Es hat alles immer zwei Seiten, das Herz der Kärntner ist offen, das ist wunderbar. Ich habe aber auch manchmal das Gefühl, dass zum Beispiel die Lieder ein Ausdruck dafür sind, dass leiden leichter als verändern ist. Lieber ein trauriges Lied singen, als die Situation anpacken und verbessern.

Eine andere Beobachtung ist, dass man in Kärnten hervorragende, sehr fleißige Arbeitskräfte findet. Ich möchte im Gegensatz dazu nie einen Engländer anstellen, der hat viel zu viel Eigenleben, denkt viel zu viel an Geld und ist viel zu beweglich. Hier gibt's unglaublich loyale, gut ausgebildete Arbeitskräfte. Und wenn dann ein Kärntner sich dazu überwindet, ins Ausland zu gehen, ist sie oder er oft überdurchschnittlich erfolgreich – von der Spitzenmanagerin bis zum Bauarbeiter.

Ich habe Bekannte in Deutschland, die von hier Arbeitskräfte auf ihre Baustelle holen und sagen »die Kärntner sind die besten«. Die Leute hier haben die Fähigkeit, langsam, aber sehr stetig zu arbeiten, das kommt von der Landwirtschaft – nicht dieses Hudeln und dann rasch Erschöpftsein – und sie sind sehr talentiert, ideenreich und improvisationsstark.

Haben Sie in Kärnten eigentlich leicht Anschluss gefunden? Aufgrund des Lakeside Parks kommen auch eine Reihe ausländischer Arbeitskräfte mit ihren Familien nach Klagenfurt und für die stellt sich natürlich dann auch die Frage, wie leicht oder schwer man in einem Land Anschluss findet.

Wir sind ja in ein Bergbauerndorf gezogen und wir wurden dort ausgesprochen herzlich und »echt« aufgenommen. Die Menschen dort merkten zwar gleich, dass ich ganz anders bin als sie, haben das aber eher genossen! Wir waren sehr überrascht, wie leicht es war, Zugang zu finden und Freundschaften zu schließen.

Das ist umso erstaunlicher, als dass doch gerade bäuerliche Strukturen als eher verschlossen gelten. Vor allem im Gebirge, wo doch das Fremde etwas wirklich Außergewöhnliches ist.

Ich glaube, das trifft noch eher für die Bauern im Tal zu. Die Bergbauern haben ein hartes Leben, immer noch, und jeder der da raufzieht, findet Respekt und wird als Bereicherung empfunden. Stellen Sie sich vor, ich bin mit acht Diexer Bäuerinnen nach London gefahren, ein paar davon waren noch niemals in Wien. Es war ein wunderbares Erlebnis unter Freundinnen.

Sie kommen aus einem Land, das durch seine Geschichte als Kolonialmacht heute ein Heimatort vieler Volksgruppen ist. Wie erleben Sie die Begegnung der Kulturen der Grenzregion hier?

Die slowenische Kultur in Kärnten finde ich sehr interessant, wo das Slawische auf das Germanische trifft. Ich denke, das ist auch ein sehr guter Nährboden für Inspiration, Neues. Das sind zwei absolut konträre Völker, die hier aufeinander treffen und die im Austausch sind.

Ich nehme die Deutschkärntner als sehr bodenständig, eher konservativ-beharrend, verlässlich und loyal wahr, während die slowenische Mentalität für mich etwas sehr bewegliches, neugierig-waches, helles hat. Der jeweilige Charakter ist dem Anderen natürlich immer ziemlich suspekt. Die Kombination wäre genial. Historisch gesehen waren immer Orte, die verschiedene Kulturen zusammenführten, die erfolgreichsten, zum Beispiel Wien um die Jahrhundertwende, New York oder heute auch London. Hier in Kärnten findet man sowohl vermauerte geistige Grenzen, produktive Rivalität und gute Zusammenarbeit. All das ist Vielfalt.

Glauben Sie wirklich an Nationaleigenschaften, an das Deutsche, das Englische, das Kärntnerische, das Friulanische ...?

Ja, aber absolut! Die Landschaft prägt die Seele, auch der Beruf. Kärnten ist eine zutiefst agrarisch geprägte Gesellschaft, das macht das Beständige, die Fähigkeit Werte zu erkennen, den guten Arbeiter. Die Basis der englischen Wirtschaft ist Piratentum und Protestantismus.

Die Seeleute, auch die Fischer, holen sich, was das Meer hergibt. Aber man muss gar nichts zurückgeben. Der Bauer aber erlebt ständig, wenn ich nichts hergebe, bekomm ich nichts zurück.

Der moralisierende Seeräuber?

Gewissen und Materialismus. Weg vom Glauben an Gott, hin zum Glauben an die eigene Stärke, »ich mach den Weg«! Die Seeleute, auch die Fischer, holen sich, was das Meer hergibt. Aber man muss nichts zurückgeben. Das war der Schritt in den Kapitalismus englischer Prägung.

Der Bauer aber erlebt ständig, wenn ich nichts hergebe, bekomm ich nichts zurück. Und da kommt dann auch das Schwere her, ich säe und hab wenig geerntet, der Hagel hat alles zerstört, ich hab soviel gebetet und es ist wieder wenig herausgekommen und so weiter.

Schade finde ich, dass im Land wenig Stolz auf seine ethnische Vielfalt zu spüren ist. Eine zweisprachige Ortstafel wäre ja schon allein aus touristischen Gründen eine Besonderheit, die sich manche Region wünschen würde.

Ich glaube, da spielt auch ein ganz besonderes historisches Unglück mit. Die Kommunisten waren ja der wichtigste Widerstand gegen den Nationalsozialismus. Durch die Propaganda des Kalten Krieges war allein schon das Wort Kommunismus verteufelt und alles hinter dem Eisernen Vorhang eine furchtbare Bedrohung. Dadurch durfte man sich mit den guten Anteilen, die es in Österreich gab, gar nicht auseinandersetzen, weil das eben vor allem die Linken waren. Für die Beziehung zwischen den deutschen und den slowenischen Kärntnern war diese Situation fatal.

Ich denke, in einer Bergregion ist das doppelt schwierig, denn früher war ein Fremder in den Bergen eher jemand auf der Flucht, da sagte man, das ist sicher ein Dieb. Für ein Inselvolk wie die Engländer ist der Fremde eine willkommene Normalität, jemand, mit dem man handeln kann: toll, da kann man was verdienen!

Und andererseits kommt aus diesem Land eine außergewöhnliche Anzahl an kreativen Menschen …

… und wirklich hervorragende, Maria Lassnig, Ingeborg Bachmann … Aber das sind alles Leute, die weggegangen sind, mit ihren Wurzeln gebrochen haben. Und mir als wurzelloser Engländerin, die jederzeit davonfliegen könnte, hat dieses Land schlussendlich Wurzeln gegeben.

Erhard Juritsch

Kaffee statt Konferenz

Ein Gespräch über
das Gebäude als Raum für zufällige Genialität,
die Produktivität der Pause
und den Getränkeautomat als Führungsinstrument.

Erhard Juritsch

Mag. Erhard Juritsch führt gemeinsam mit Mag. Hans Schönegger seit 1998 als Vorstand den KWF | Kärntner Wirtschaftsförderungs Fonds, der im Auftrag der Landesregierung die Wirtschaftsförderung des Landes Kärnten betreut.

Nach einem Volkswirtschaftsstudium arbeitete er als Controller in einem Forschungs- und anschließend in einem Medienunternehmen. Mit Mitte 30 übernahm er bereits die Geschäftsführung eines mittelständischen Softwareunternehmens. Anfang der neunziger Jahre trat Erhard Juritsch in den KWF ein und war anfänglich für den Bereich Unternehmenssanierung und Restrukturierung zuständig.

Der Lakeside Science & Technology Park ist ein Projekt der BABEG | Kärntner Betriebsansiedlungs- und Beteiligungsgesellschaft m.b.H., als deren Geschäftsführer die beiden KWF-Vorstände in Personalunion fungieren.

Denn ich glaube nicht, dass der einzelne Programmierer in seiner Wohnung die gleiche Dynamik entwickelt wie zwanzig Kollegen, die sich in einem Team gegenseitig anstecken.

Herr Juritsch, Sie sind gemeinsam mit Ihrem Vorstandskollegen Hans Schönegger einer der Erfinder des Lakeside Science & Technology Parks. Was war denn für Sie zu Beginn seiner Konzeption jene Fragestellung, die Sie am meisten interessierte?

Die Diskussion über die Notwendigkeit physischer Räume im Zeitalter der digitalen Kommunikation. Braucht es heute tatsächlich noch Gehäuse, um zu arbeiten, ja um sogar erfolgreicher zu arbeiten, als allein vor meinem Schirm hinter den sieben Bergen? Reicht ein dickes Kabel für meine Verbundenheit mit der Welt?

Unter volkswirtschaftlichen Gesichtspunkten betrachtet, wird in Zukunft eine zunehmend kleinere Gruppe von Erwerbstätigen einen größeren Teil der Bevölkerung finanziell tragen müssen: Senioren, Kinder und Jugendliche oder Arbeitslose. Dazu kommen auch Bereiche wie etwa die Landwirtschaft, die sich in den Alpen ökonomisch nicht mehr rentieren wird, aber für das kulturelle Leben notwendig ist. Auf der anderen Seite muss es also Menschen geben, die viel Geld verdienen und hohe Steuern zahlen. Damit diese maximal produktiv sind, braucht es Räume für Zusammenarbeit, Räume, in denen schnelle, informelle Entscheidungen getroffen werden können, in denen »zufällige« Begegnungen zwischen einem Wissenschafter und einem Manager ein Produkt kreieren, in denen Informationsaustausch beim Mittagessen stattfindet, ohne dass eine Telekonferenz organisiert werden muss. In denen das Ganze eben mehr ist als die Summe seiner Teile. Denn ich glaube nicht, dass der einzelne Programmierer in seiner Wohnung die gleiche Dynamik entwickelt wie zwanzig Kollegen, die sich in einem Team gegenseitig anstecken. Der Lakeside Park hat das Ziel, genau dieses Umfeld zu bieten.

Interessant ist aber, dass Sie es hier schaffen, so internationale Player wie etwa INFINEON *oder* KAPSCH *anzusiedeln. Die würde man doch viel eher in der Nähe internationaler Zentren vermuten, wo sich spezifisches Wissen in einem viel höheren Maße konzentriert.*

Das hat sehr viel mit unserer konsequenten Spezialisierung auf das Thema Verkehrstelematik zu tun, mit der Integration der Universität ins Haus und den damit verbundenen Chancen für unsere Mieter sowie dem ganz gezielt gestalteten Mix von sich ergänzenden Unternehmen. Aber auch hier liegen die makroökonomischen Rahmenbedingungen auf der Hand: Selbst ein Unternehmen wie Microsoft kann nur dezentral wachsen, da die Intelligenz auf der ganzen Welt verteilt ist und sie darf nicht in den einzelnen Köpfen bleiben, sondern muss sich in Gruppen wiederfinden. Von einer traditionellen Unternehmensphilosophie ausgehend, habe ich also die Dezentralität zu bewältigen und das Wachstum, es gibt ja noch 1,2 Milliarden Chinesen zu bedienen. Also wird es auf der ganzen Welt viele Verdichtungen geben von Menschen, die sich mit einem spezifischen Thema beschäftigen und eine solche Konzentration ist unsere hier in Klagenfurt.

Vor zehn Jahren wurde noch der Telearbeitsplatz als eine sich rasch durchsetzende Arbeitsform prognostiziert, was sich als krasse Fehleinschätzung herausgestellt hat. Natürlich gibt es einzelne Aufgabengebiete und Persönlichkeiten, für die der Computerarbeitsplatz daheim ideal ist, aber das scheint eher eine Minderheit zu bleiben.

Ich sehe das auch so. Vor Jahren war ich bei einem Softwareentwickler tätig und wir überlegten damals, unsere Testabteilung ins Lavanttal [50 km von Klagenfurt entfernt] zu verlegen, weil die meisten Leute dieser Einheit von dort täglich herauspendelten. Organisatorisch wäre das insofern logisch gewesen, weil die Testphase ein vermeintlich autonomer Prozess nach der Entwicklung ist: Daten ins Lavanttal rein – Testphase – Prüfbericht raus, alles kein Problem.

Ich schätze den Diskurs, den Austausch von Erkenntnissen, Einschätzungen, die ehrliche auch kontroverse Meinung des anderen.

Als Führungskräfte haben wir uns in den letzten Jahren immer mehr vom Fachexperten wegbewegt, hin zu Moderatoren, die den Diskurs und die Entscheidungsfindung organisieren.

Wir haben uns dann aber dagegen entschieden, weil wir anhand von Protokollen sahen, wie stark der ständige, informelle Kontakt zwischen Entwicklern und Testern war und wie sehr die räumliche Ferne diese Qualität entschleunigt und damit beeinträchtigt hätte.

Welche Arbeitssituation ziehen Sie selbst tendenziell vor – das Tüfteln im Refugium, oder der Austausch im Team?

Letzteres ursprünglich gar nicht. Ich bin in einer Bergregion aufgewachsen, dort als Kind viel allein gewesen und auch als Volkswirt und später dann Controller war ich es eher gewohnt, im stillen Kämmerchen an Expertisen zu feilen.

Sehr früh, mit Anfang dreißig, wurde ich dann Geschäftsführer des vorhin angesprochenen Softwarehauses mit damals rund 200 Mitarbeitern und plötzlich sah ich mich gezwungen, Gesellschaftern zu berichten, mit Banken zu verhandeln, Kundengespräche zu führen – die operativen Tätigkeiten nahmen rasch ab und die Kommunikationsaufgaben zu. Retrospektiv gesehen war das für mich schwierig, denn ich war eigentlich ein Einzelkämpfer. Heute ist es genau umgekehrt! Ich schätze den Diskurs, den Austausch von Erkenntnissen, Einschätzungen, die ehrliche auch kontroverse Meinung des anderen. Dieses Potenzial war mir völlig unbekannt.

Ihre Arbeit im KWF besteht ja vor allem darin, zukunftsfähige ökonomische Entwicklungen aufzuspüren und dann Förderprogramme zu gestalten, die diesen Entwicklungen nachhaltige Impulse verleihen. Ich kann mir vorstellen, dass diese Aufgabenstellung für einen zurückgezogenen Experten gar nicht bewältigbar ist, denn es geht um Einschätzungen von Entwicklungen mit komplexen Einflussgrößen und geringer objektiver Faktenlage.

Ohne Diskurs, ohne die Zusammenschau interdisziplinärer Zugänge kann man innovative Wirtschaftsförderung heute nicht mehr realisieren. Als Führungskräfte haben wir uns in den letzten Jahren immer mehr vom Fachexperten wegbewegt, hin zu Moderatoren, die den Diskurs und die Entscheidungsfindung organisieren.

Der Telearbeitsplatz ist ein gutes Beispiel: In den neunziger Jahren lag es auf der Hand, hier gleich drei solche Zentren aufzubauen und damit Vorreiterregion zu sein, Arbeitsplätze im ländlichen Raum zu sichern und so weiter. Bei solch schwierigen Bewertungen schätze ich den Diskurs über die Hierarchien hinweg sehr; wenn dann beispielsweise jemand zum Thema Virtualität ganz bodenständig und prophetisch zugleich sagt, ich kauf mir meine Tomaten doch nicht über ein Bild auf einer Website. Im Geschäft greife ich vier an und nehme – auch wenn es nicht gern gesehen wird – die zwei, die sich am besten anfühlen.

Sie erinnern sich, wir waren doch eine Zeit lang alle der Meinung, dass E-Shopping rasch ein Renner wird. Dieser Austausch verhindert letztlich gravierende Fehlentscheidungen und hilft, einen nüchternen Blick auf die Wirklichkeit zu bewahren.

Ich hab meiner Frau ungefähr 1999 den selbst bestellenden Kühlschrank in fünf Jahren fix versprochen. Sie erinnert mich jeden Samstag beim Einkaufen daran.

Eine realistische Einschätzung solcher Entwicklungen ist ohne einen vielfältigen Informations- und Meinungsaustausch unmöglich und natürlich auch dann noch lange nicht garantiert.

Wenn wir in unserer Kaffeeküche nicht die nächsten fünf Projekte diskutieren oder dort alltägliche Probleme spontan besprechen, würde unsere Organisation nicht funktionieren.

Ein Sozialklub von Vierzigjährigen ist ganz schön gut drauf, aber viel besser ist, man schafft sich ein Problem mit ein paar Newcomern, weil dadurch mehr Dynamik, mehr Reibung, mehr zeitgemäßes Denken reinkommt.

Die Führungskraft als Gastgeber eines qualifizierten Meinungsaustausches an einem runden Tisch?

Ja, eigentlich vollkommen nahe liegend, aber dieses Prinzip scheint uns abhanden gekommen zu sein, wenn man an streng getrennte Abteilungsstrukturen denkt, hermetische Hierarchien und Architektur, die Begegnung als Störung auffasst. Gleichzeitig ist das aber eine unglaubliche Chance für kleinere Unternehmen, die durch ihre Kultur – flach strukturiert, kurze Entscheidungswege, informelle Kommunikation – gegenüber großen Konzernen im Vorteil sind. Hier im KWF könnten wir mit einer hierarchischen Organisation nicht einmal ein Viertel unserer Aufgaben in derselben Zeit bewältigen. Wenn wir in unserer Kaffeeküche nicht die nächsten fünf Projekte diskutieren oder dort alltägliche Probleme spontan besprechen, würde unsere Organisation nicht funktionieren. Und diesen Ansatz unterstützen wir auch ganz gezielt im Lakeside Park durch eine offene räumliche Gestaltung mit der Durchmischung unterschiedlichster Funktionen, die Begegnung, Kontakt und Austausch fördern.

Ich kenne ein sehr erfolgreiches IT-Unternehmen, in dem es »verboten« ist, dezentral Kaffeemaschinen aufzustellen; dafür gibt es eine schöne Cafeteria mit Gratisgetränken und Jause, um den abteilungsübergreifenden Austausch ganz gezielt zu fördern. Dort wird die Pause als hochproduktiv betrachtet.

Wenn ein neuer Mitarbeiter bei uns anfängt, mach ich mir immer den Spaß, die Einschulung auf unsere Kaffeemaschine zu übernehmen. Das löst anfangs regelmäßig ziemliche Irritationen aus, wenn das der Vorstand tut, baut aber gleich eventuelle Hemmschwellen ab und ist ein wichtiges Signal zu unserer Unternehmenskultur.

Junge Unternehmen haben den Vorteil, diese erfolgversprechenden Organisationskulturen völlig frei von betriebswirtschaftlichen Traditionen zu entfalten. Ganz im Gegensatz zu vielen Großunternehmen, die ihre historischen Wurzeln auf neue Anforderungen adaptieren müssen.

Dazu kommt, dass neue Branchen wie zum Beispiel Softwareentwicklung oder Unternehmensberatung nach den alten Spielregeln der Hierarchie, der detaillierten Arbeitsanweisungen und Kommunikationsprozesse, gar nicht funktionieren können.

Einem Softwareentwickler wird das Ziel vorgegeben, aber wenn ich ihm als Führungskraft den Weg dorthin beschreibe, hab ich es in derselben Zeit schon selber gemacht. Das heißt, diese Branchen verlangen zwingend autonomere Mitarbeiter und Strukturen mit einem viel höheren Maß an Selbstverantwortung, sonst ist ein solches Unternehmen einfach nicht wettbewerbsfähig. Und diese veränderten Arbeitsprozesse beginnen nun zunehmend auch traditionellere Branchen zu beeinflussen. Natürlich, ein klassischer Produktionsbetrieb kann immer hierarchischer strukturiert bleiben, trotzdem ist dort momentan auch vieles im Fluss.

Das verlangt aber auch einen neuen Typus von Mitarbeiter, der selbstständiges Arbeiten schätzt und sich auch traut, Verantwortung zu übernehmen; jemand, der eine stimmige Balance findet zwischen Eigenständigkeit und Kontakt zur Führungskraft.

Meine Erfahrung ist, dass wir einen guten Mix zwischen erfahrenen Mitarbeitern und jungen brauchen. Man kann kein Unternehmen nur mit Uniabgängern aufbauen und es erstarrt, wenn es nicht offen ist für neue, ehrgeizige, »angestreberte« Fünfundzwanzigjährige. Auch wenn das schwierig ist. Ein Sozialklub von Vierzigjährigen ist ganz schön gut d'rauf, aber viel besser ist, man schafft sich ein Problem mit ein paar Newcomern, weil dadurch mehr Dynamik, mehr Reibung, mehr zeitgemäßes Denken reinkommt. Voraussetzung dafür ist jedoch Wachstum.

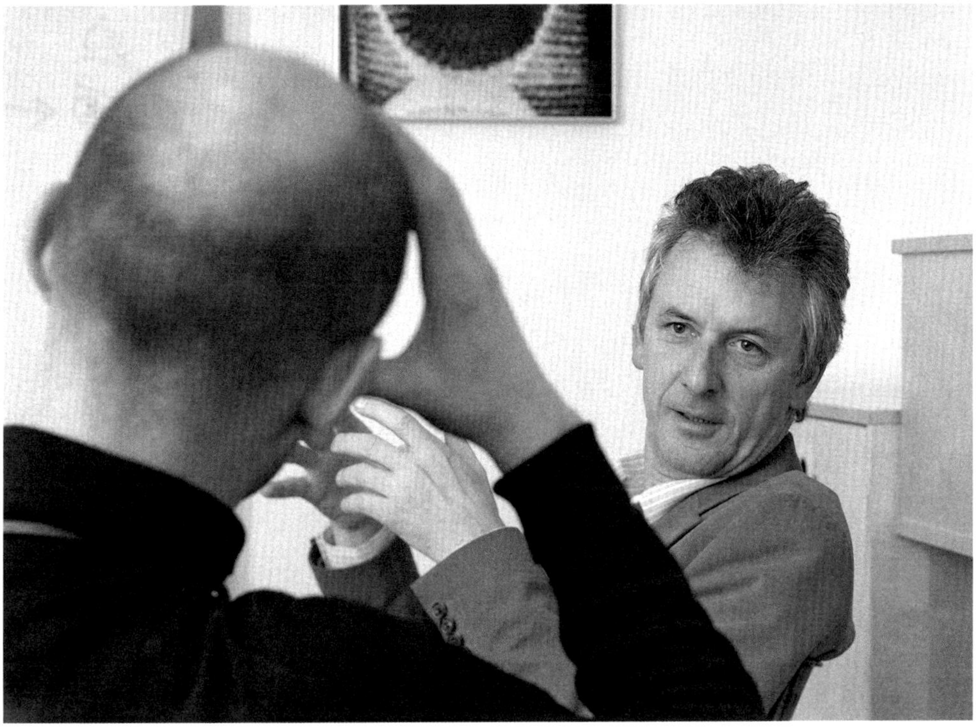

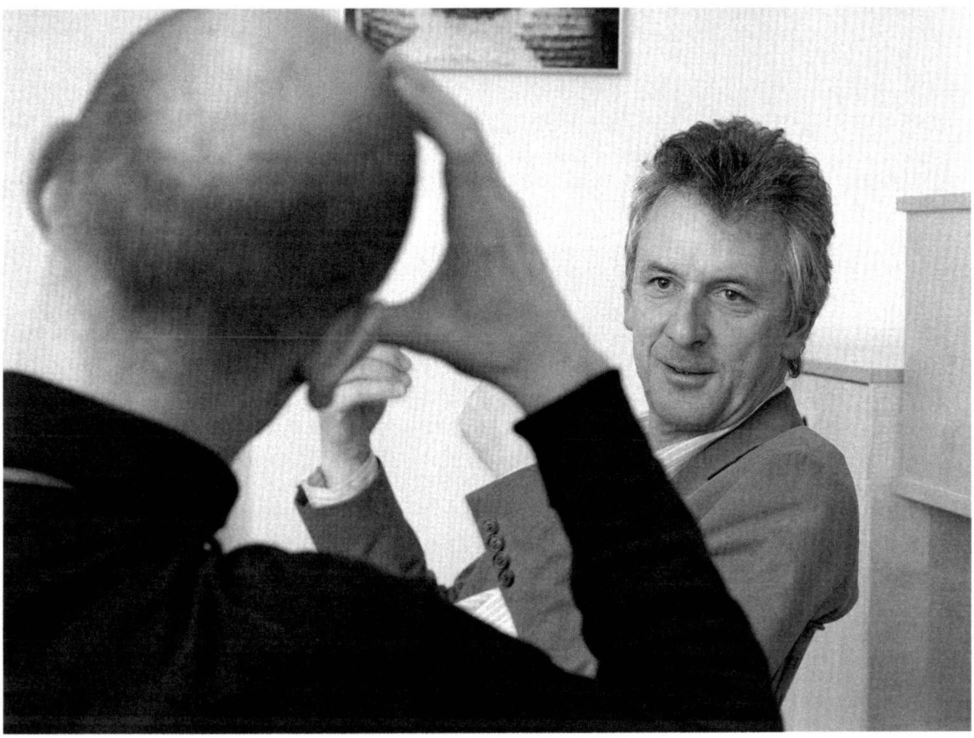

Ich bin ein Fan von Pilotprojekten mit vielleicht zwei, drei Unternehmen: Statt dem vollkommen ausgetüftelten Prototypen oder dem Konzept in der Schublade ein Entwurf, der im kleinen Rahmen in der Praxis erprobt wird.

Der Vorteil ist, dass der gesamte südeuropäische Bereich hungrig ist und über ein erhebliches unerschlossenes Marktpotenzial verfügt bei einer ziemlich abschätzbaren Stabilität.

Eigentlich ein vermeintlicher Widerspruch, denn wenn man zwanzig Mitarbeiter hat, einen Haufen Geld verdient und international super dasteht, warum soll man da wachsen? Leider fehlt dann der kulturelle Austausch mit der nächsten Generation und das ist gefährlich. Das sollten Unternehmer immer im Blick behalten.

Das zentrale Thema des Lakeside Parks ist Forschung und Entwicklung, also die Erfindung neuer Lösungen. Wie kommen Sie in Ihrer Organisation auf neue Ideen, wie entstehen Innovationen im KWF?

Der Ausgangspunkt ist meistens die Erkenntnis eines Mangels; so weit so unspektakulär. Was uns vielleicht auszeichnet, ist, dass wir bereit sind, relativ rasch etwas auszuprobieren. Wenn der Nutzen für den Kunden und uns klar herausgearbeitet ist, die neue Förderidee einfach und schlank, nicht zu überfrachtet mit idealistischen Ambitionen, dann suchen wir uns in kurzer Zeit ein Testfeld.

Ich bin ein Fan von Pilotprojekten mit vielleicht zwei, drei Unternehmen. Ich glaube, das ist ein sehr empfehlenswerter Ansatz auch für Unternehmen. Statt dem vollkommen ausgetüftelten Prototypen oder dem Konzept in der Schublade ein Entwurf, der im kleinen Rahmen in der Praxis erprobt wird.

Das ist zwar mit Risikobereitschaft verbunden, gleichzeitig aber natürlich sehr motivierend für Mitarbeiter mit Ideen und liefert die beste Entscheidungsgrundlage für eine »Serienfertigung« oder eben auch nicht. Natürlich müssen die Ideen absitzen und im Team sorgfältig durchdiskutiert werden, aber eine Ganz-oder-gar-nicht-Haltung halte ich letztlich für riskanter.

In der Kommunikation für den Lakeside Park wird immer wieder auch der Vorteil der geografischen Lage Kärntens im Dreiländereck Österreich, Italien, Slowenien hervorgehoben. Für wie greifbar halten Sie diese Qualität zum Beispiel für ein ausländisches Unternehmen, das sich hier auch aus diesem Grund ansiedelt?

Ich sehe schon die weicheren Faktoren wie historische Erfahrung oder die kommunikative Mentalität der Region. Ganz nüchtern betrachtet, ist Kärnten ein Tor zu einem noch weitgehend ungesättigten Markt. Wenn ich die Möglichkeit habe, über meinen Standort nachzudenken, wähle ich doch sicher eher diese Region als eine in den EU-Kernländern, wo viele Märkte am Anschlag sind. Zentral ist natürlich immer das unternehmerische Talent und Engagement, es fällt einem hier nichts in den Schoß.

Ich habe vor kurzem den Leiter des Technologieparks Laibach besucht und mit ihm Kooperationsmöglichkeiten diskutiert. Seine erste Reaktion war »we are too close«, er hatte Angst, dass wir ihm mit unserem neuen Haus Mieter abspenstig machen könnten. Nachdem ich ihm von unserer Seite den Austausch von Förderungsrichtlinien oder Hilfe bei Finanzierungen angeboten habe, war der Weg frei für Perspektiven der Zusammenarbeit.

Es geht wie immer um persönliche Begegnungen und den Aufbau von Win-Win-Verhältnissen. Der Vorteil ist, dass der gesamte südeuropäische Bereich hungrig ist und über ein erhebliches unerschlossenes Marktpotenzial verfügt bei einer ziemlich abschätzbaren Stabilität.

Georg Kapsch

Santiago, Nanjing … Klagenfurt

Ein Gespräch mit Georg Kapsch,
Vorstandsvorsitzender des Weltmarktführers
für Verkehrsleitsysteme
und Mieter im Lakeside Park.

Georg Kapsch

Mag. Georg Kapsch ist Vorstandsvorsitzender der KAPSCH Unternehmensgruppe, die sich mit kundenspezifischen Hard- und Softwarelösungen in der Informations-, Kommunikations- und Verkehrstechnik beschäftigt.

Einer seiner Betriebe, die KAPSCH TRAFFICCOM AG, gehört zu den weltweit führenden Entwicklern verkehrstelematischer Lösungen. Das hochspezialisierte Unternehmen beschäftigt derzeit rund 500 Mitarbeiterinnen und Mitarbeiter an Standorten zwischen Asien, Australien, Südamerika und Europa und ist mit einer Forschungs- und Entwicklungseinheit im Lakeside Park vertreten.

Ich glaube, dass Hightech-Unternehmen in den nächsten Jahrzehnten weggehen werden vom zentralen Standort mit großen Entwicklungsabteilungen, hin zu überschaubaren, dezentralen Einheiten auf der ganzen Welt.

Herr Kapsch, Ihr Unternehmen arbeitet sehr erfolgreich in Geschäftsfeldern, die die Kooperation mit ergänzenden Unternehmen zwingend erfordern. Wie haben Sie diese Dynamik in der Entwicklung von Kooperation in den letzten 20 Jahren erlebt?

Wir haben in unserer Firmengeschichte immer mit anderen Unternehmen zusammengearbeitet. Aber noch bis in die achtziger Jahre hatten wir, abgesehen von Sublieferanten, immer so zwei, drei wichtige Kooperationspartner. Heute managen wir eine ganze Flotte von Partnerschaften. Das ist wesentlich herausfordernder, weil wir mit Unternehmen verschiedenster Länder, Branchen und Größen zusammenarbeiten, was bedeutet, mit sehr unterschiedlichen Mentalitäten zu agieren.

Ich glaube übrigens, dass wir Österreicher für diese Aufgabe gut geeignet sind. Wahrscheinlich, weil wir aufgrund unserer Geschichte hier im Herzen Europas lernen mussten, uns auf verschiedene Kulturen einzustellen.

Durch dieses rasche Wachstum der Vernetzung mit anderen spezialisierten Unternehmen bauten wir in den letzten Jahren auch ganz gezielt Ressourcen im kaufmännischen, technischen und vor allem im juristischen Bereich auf. Denn Kooperation bedeutet auch, in eine Vielzahl von Verträgen eingebunden zu sein.

Welche Eigenschaften benötigt Ihrer Erfahrung nach eine Führungskraft, um erfolgreich zu kooperieren?

Die wichtigste ist die Abwesenheit von Angst, dass mir jemand Know-how entziehen will. Das heißt, Offenheit für Neues, Vertrauen in die Partnerschaft, eine Sensibilität für Menschen und andere Kulturen und der Wille, etwas gemeinsam zu gestalten.

Sie nennen ausschließlich persönliche, soziale Fähigkeiten. Wie entstehen bei KAPSCH Kooperationen mit externen Partnern? Basieren diese, in der globalen Liga, in der Ihr Unternehmen spielt, nicht auf Verträgen, die langfristig angebahnt und formal klassisch auf Führungsebene ausgehandelt werden?

Ich bin der Überzeugung, eine Kooperation beginnt immer informell. Ein formaler approach scheitert. Die Zusammenarbeit funktioniert nur dann, wenn Menschen einander finden, wenn Menschen einander mögen. Weil Geschäftsleitungen sich einbilden, wir kooperieren jetzt, heißt das noch lange nicht, dass das klappt. Nur wenn die Personen, die dann miteinander arbeiten, sich auch sympathisch sind, kann ein Projekt in einer gewissen Zeit erfolgreich umgesetzt werden. Meine Erfahrung ist, wenn einer der involvierten Leute von der Sinnhaftigkeit der Partnerschaft nicht überzeugt ist, wird er beweisen, dass er damit Recht hatte und das Projekt scheitert. Kooperationen sind insofern nicht verordenbar.

Bedeutet »informell«, dass wichtige Entscheidungen in einem Bereich zwischen beruflicher Sphäre und privater Begegnung getroffen werden? Ideen, Projekte, die während einer Reise, bei einem Geschäftsessen am Rande einer Messe geboren werden, wo Menschen sich persönlich näher kommen?

Ich glaube, dort spielt sich sehr viel an Kooperationspotenzial und Kreativität ab. Die strikten Grenzen zwischen Berufs- und Privatleben lösen sich sowieso immer mehr auf. Das hat auch technologische Ursachen, vor wenigen Jahren war man am Wochenende gar nicht erreichbar, heut hat jeder ein Handy. Ich arbeite zwar sieben Tage die Woche, mache aber auch viel Urlaub und auch da bin ich zwischendurch immer wieder auch beruflich tätig. Bei mir ist das ständig verlaufend. Das ist ein Arbeitsstil, der für mich funktioniert, weil er eben diesen fließenden, organischen Austausch bietet.

Netzwerk bedeutet vor allem Gleichberechtigung und ich glaube, nur dann ist eine Kooperation gut.

Strukturen wie der Lakeside Park sind die richtige Antwort auf die gegenwärtigen Trends und Erkenntnisse, denn sie bieten ein Dach für Begegnung mit potenziellen Partnern, eine Atmosphäre der Kooperation und variable Kosten.

Hat sich diese ständige Anforderung an die Kooperationsfähigkeit Ihrer Mitarbeiter auch auf die Personalentwicklung Ihrer Gruppe ausgewirkt?

Wir veranstalten beispielsweise ein Traineeprogramm, in dem interdisziplinäres Denken geschult wird und auch die sozialen Fähigkeiten für das Arbeiten im Team. Diese kommunikativen Qualitäten werden durch die permanente Zusammenarbeit mit externen Partnern noch wichtiger, als sie schon für die Arbeit im eigenen Unternehmen sind.

In Ihrer Branche sind in den letzten Jahren eine Vielzahl von kleinen Unternehmen entstanden, die mit hoch spezialisierten Lösungen Nischen abdecken. Was sollte ein so genannter Jungunternehmer Ihrer Erfahrung nach bei Kooperationen besonders beachten?

Ich rate ihm, sich nicht an einen Großen zu binden, sondern zu schauen, ob er über ein Netzwerk einen ähnlichen Erfolg erzielen kann. Das ist sicher nachhaltiger. Netzwerk bedeutet vor allem Gleichberechtigung und ich glaube, nur dann ist eine Kooperation gut. Denn wenn jemand die Möglichkeit hat, Druck auf dich auszuüben, dann tut er es auch, so sind wir Menschen halt. Natürlich – will jemand eine eigene Produktidee hochpushen, um sie danach möglichst gewinnbringend zu verkaufen, dann kann die Kooperation auch mit einem dominanten Partner o.k. sein.

Wie beurteilen Sie die Chancen so genannter Mikrounternehmen in Ihrer Branche? Sehen Sie Kleinbetriebe – Ergebnis von Spin-offs aus Universitätsinstituten, Outsourcingmaßnahmen großer Unternehmen oder klassische Neugründungen – auch als eine nachhaltige Struktur der Zukunft? Also mehr Flotte als Tanker, oder erwarten Sie eher eine weitere Zentralisierung durch das Wachstum der Multis?

Es wird nach wie vor beides erfolgreich geben. Allerdings werden die Tanker immer mehr Eigenschaften der Flotte übernehmen. Ich glaube, dass Hightech-Unternehmen in den nächsten Jahrzehnten weggehen werden vom zentralen Standort mit großen Entwicklungsabteilungen, hin zu überschaubaren, dezentralen Einheiten auf der ganzen Welt. Kleine F&E-Einheiten sind schneller, flexibler, ökonomischer, sie sind offener nach außen und kreativer.

Das bedeutet, dass Strukturen wie der Lakeside Park die richtige Antwort sind auf die gegenwärtigen Trends und Erkenntnisse, denn sie bieten ein Dach für Begegnung mit potenziellen Partnern, eine Atmosphäre der Kooperation und variable Kosten. Die eigene Firmenimmobilie wird in Zukunft kaum mehr Bedeutung haben. Es geht immer weniger um Besitz, um fixe Anstellung, materielle Größe und immer mehr um Geschwindigkeit, Networking, Innovation und produktiven Output.

Eine Entwicklung unter dem Motto »Lernen von den Kleinen«, die aus der Garage heraus manches Großlabor abgehängt haben.

Ja, denn die wirklich bahnbrechenden Innovationen sind in 80 Prozent der Fälle von Kleinstunternehmen gekommen! Entweder kam die Erfindung von einem bestehenden Mikrobetrieb, oder aber von Leuten, die in einem Konzern arbeiteten und die internen Beschränkungen nicht mehr ausgehalten haben und sich selbstständig machten. Umgesetzt in die Breite wurden diese Entwicklungen dann natürlich schon von großen Unternehmen.

Für den Alltag habe ich einen anonymen Chatroom eingerichtet, da kann jeder hineinschreiben, was ihn bedrückt oder welche Anregungen er hat, ohne dass ich weiß, wer es ist.

Nur wenn einer auch schimpfen darf, ohne Nachteile für sich zu befürchten, bekommen Sie die Wahrheit.

Was bedeutet diese Erkenntnis für die Strategie Ihres Unternehmens?

Für österreichische Verhältnisse gehören wir zu den größeren Unternehmen, im internationalen Vergleich sind wir klein und verfügen deshalb über viele Qualitäten, die ein Multi nicht hat. Wir haben aber in den letzten Jahren immer wieder Einheiten verselbständigt und sie als eigene Unternehmen organisiert. Ich verfolge gezielt die Strategie, dass neue Produkte oder Dienstleistungen, die im Unternehmen entstehen und nicht direkt zu unserem Kerngeschäft gehören, ausgegliedert werden, entweder als hundertprozentige Töchter, oder aber in Beteiligung mit anderen Unternehmen. Das bringt mehr Transparenz und eine höhere Identifikation der Mitarbeiter.

Als ich diese Überlegungen erstmals gewälzt habe, sagten mir viele »du spinnst, das wird viel zu teuer, du brauchst mehr Personal, weil die haben dann alle einen eigenen Einkauf, eine eigene Buchhaltung, et cetera«. Ergebnis ist, dass unsere ausgegliederten Gesellschaften gewinnbringender sind und weniger personalintensiv arbeiten, als zu ihren Zeiten als Unternehmenseinheit. Das ist erstaunlich, aber durch die starke Identifikation der Mitarbeiter und die Kenntnis ihrer Firma sind sie weit effizienter. Obwohl der zentrale Einkäufer, der täglich für den Bereich A Transistoren besorgte und für den Bereich B Metallteile, auch fleißig arbeitete. Aber er hat nicht dieselbe Motivation, weil er mental von den Bedürfnissen dieser Abteilungen zu weit weg ist.

Sie haben die Leitung des Unternehmens im Jahr 2000 inmitten der Telekomkrise übernommen, zu einem Zeitpunkt, als KAPSCH kurz vor dem Ende stand. Wie sind Sie damals mit den Sorgen und Ängsten Ihrer Mitarbeiterinnen und Mitarbeiter umgegangen, die diese Strategie des Ausgliederns sicher auch ausgelöst hat?

Meine Erfahrung ist, dass der wesentlich Punkt in der Krise Kommunikation ist. Das Fachliche ist auch wichtig, aber die Kommunikation mit den Mitarbeitern ist entscheidend, das konsequente Erklären der Strategie, »warum tue ich jetzt was?« Deine Leute müssen verstehen, warum es zu einer Ausgliederung kommt, denn nur dann können sie es mittragen.

Sie haben Niederlassungen beispielsweise in Chile, Brasilien oder Australien; wie kann die interne Kommunikation zwischen den Angestellten und dem Vorstand im globalen Maßstab funktionieren?

In kritischen Situationen bin ich unmittelbar und regelmäßig bei den Menschen. Für den Alltag habe ich einen anonymen Chatroom eingerichtet, da kann jeder hineinschreiben, was ihn bedrückt oder welche Anregungen er hat, ohne dass ich weiß, wer es ist. Alle anderen können mitlesen und ich antworte dort. ›Georg Kapsch‹ ist als einziger gekennzeichnet, weil ich dort unter meinem Namen auftrete, die Mitarbeiter kommunizieren anonym. Das ist ein Instrument, mit dem ich versuche, das Klima im Unternehmen zu kennen und das kriegen Sie nur über die Anonymität der Auskunftspersonen heraus. Nur wenn einer auch schimpfen darf, ohne Nachteile für sich zu befürchten, bekommen Sie die Wahrheit. Damit ist mir gelungen, die Stimmung auch in einer sehr schwierigen Situation nicht ganz absacken zu lassen. Da lese ich natürlich auch »Herr Kapsch Sie sind ein … « und ich schreibe zurück, »Warum meinen Sie das«?

Am Lakeside Park faszinierte uns die Idee der Nachbarschaft mit potenziellen Kooperationspartnern.

Machen Sie das immer noch in regelmäßigen Abständen?

Täglich läuft das! Ich antworte nicht sofort, sondern lasse mehrere Fragen zusammenkommen. Zu Beginn der Restrukturierung habe ich das online gemacht, da sind dann alle 30 Sekunden Fragen gekommen und ich habe mit Hilfe von Sekretärinnen abwechselnd gelesen und Antworten diktiert, so dringend war das Informationsbedürfnis der Mitarbeiter.

Mit diesem Instrument bleibe ich ständig in Kontakt mit meinen Leuten, da ich ja nicht in unseren internationalen Niederlassungen ständig persönlich präsent sein kann. Eine Möglichkeit, um die Nachteile des größeren Unternehmens im Vergleich zum Kleinbetrieb, wo Kommunikation durch Zuruf passiert, zu kompensieren.

Spielte die Überlegung der Identifikation, der organisatorischen Überschaubarkeit, auch eine Rolle bei der Entscheidung, eine F&E-Einheit im Lakeside Park zu installieren?

Uns faszinierte die Idee der Nachbarschaft mit potenziellen Kooperationspartnern. Ein wichtiges Element war aber auch, eine kreative Einheit an einem besonders schönen Ort unterzubringen, dessen attraktives Umfeld vielleicht neue Ideen inspiriert. Wir gehörten damals zu den ersten Mietern, kannten also viele Mitbewohner noch nicht und riskierten einfach einmal, ob eine solche Location für uns passen könnte. Aus heutiger Sicht, wenn man sieht wer alles da ist, scheinen sich unsere Hoffnungen zu erfüllen.

Hans Schönegger

Regionale Entwicklung: Urbanisierung der Chancen

Die Immobilie als Bühne der Kooperation,
der Vermieter als Regisseur
und die Peripherie als Gastgeber
einer Weltstadt der Spezialisierung.

Hans Schönegger

Mag. Hans Schönegger ist als Vorstand des KWF | Kärntner Wirtschaftsförderungs Fonds einer der Initiatoren des Lakeside Science & Technology Parks. Gemeinsam mit Mag. Erhard Juritsch ist er auch Geschäftsführer der BABEG | Kärntner Betriebsansiedlungs- und Beteiligungsgesellschaft m.b.H. und der Lakeside Science & Technology Park GmbH.

Er betreut dabei die Finanzierung, Bauleitung, Auswahl bzw. Akquisition der kooperierenden Unternehmen sowie die Einbindung der Universität in dieses derzeit größte österreichische Technologieprojekt mit einer Mietfläche von 28.000 m² im Endausbau.

Mag. Hans Schönegger studierte BWL und Wirtschaftspädagogik an der Universität Innsbruck, arbeitete als Regionalentwickler des Bundes in Osttirol sowie als Berater innovativer Wirtschaftsprojekte im Technologie-Transfer-Zentrum Leoben. Anfang der neunziger Jahre war er als Geschäftsführer am Aufbau eines Unternehmens für Präzisionstechnik beteiligt. Seit 1998 führt er gemeinsam mit seinem Vorstandskollegen Mag. Erhard Juritsch den KWF.

Wir bauen hier in kurzer Zeit den Mosaikstein einer globalen Metropole, einen hochspezialisierten urbanen Mikrokosmos am Land auf internationalem Niveau.

Kärnten braucht Impulse von außen, eine konzentrierte Ansiedelungspolitik, das Bekenntnis zum Zentrum, die Ausrichtung auf Zukunftsthemen und das alles in einer international wettbewerbsfähigen Qualität.

Wie sieht Ihr Zukunftsbild für den Lakeside Science & Technology Park aus?

Mein Ziel ist, mit diesem umfangreichen Projekt die Region Kärnten auf die internationale Landkarte im Informationstechnologiebereich (IT) zu bringen. In zehn Jahren sollte damit im Land eine neue Wirtschaftsstruktur etabliert sein, die über die Region hinausstrahlt und nach Kärnten hinein. Der Lakeside Park mit seiner universitären Vernetzung ist einerseits ein Bildungszentrum und andererseits ein Arbeitgeber in einer dynamischen, zukunftsorientierten Branche. Damit bietet er jungen Menschen, die heute die Region verlassen müssen, um zu studieren und Arbeit zu finden, eine neue Heimat. Ich glaube auch, dass der Park das Innovationsklima im Land, seine unternehmerische Atmosphäre, fördert. Unsere Vision ist, dass der Lakeside Park ein Kraftzentrum für die Entwicklung des ganzen Landes ist.

Kärnten ist eine ländlich geprägte Region, die international heute vor allem als Tourismusdestination wahrgenommen wird. Ist der Lakeside Park eine Strategie der Urbanisierung, der räumlichen Verdichtung von Kompetenzen, um die fehlende Großstadt zu kompensieren?

Ja, man könnte sagen, wir bauen hier in kurzer Zeit den Mosaikstein einer globalen Metropole, einen hochspezialisierten urbanen Mikrokosmos am Land auf internationalem Niveau. Wenn man die letzten 20 Jahre in der Regionalpolitik und Regionalentwicklung verfolgt, kann man klar erkennen, dass eine neue Ausrichtung beginnen muss. Kärnten hat einen schwachen Zentralraum. Klagenfurt und Villach sind nicht so konzentriert wie zum Beispiel Graz, wo in der Stadt und rundherum viel passiert. Es reicht nicht, ausschließlich die bestehenden, traditionellen Ressourcen in den Gemeinden weiterzuentwickeln. Wir brauchen Impulse von außen, eine konzentrierte Ansiedelungspolitik, das Bekenntnis zum Zentrum, die Ausrichtung auf Zukunftsthemen und das alles in einer international wettbewerbsfähigen Qualität. Es geht darum, die Stärken zu stärken und nicht an Schwächen herumzudoktern. Für die Regionalentwicklung heißt das, Täler in ihrer landschaftlichen Schönheit und Lebensqualität zu bewahren und die Städte zu verdichten. Denn die sind letztlich die einzige Chance für die Peripherie.

Ein starker Zentralraum gibt dem ländlichen Raum erst die Möglichkeit, seine landschaftlichen und sozialen Qualitäten voll auszuspielen. Wenn alles Peripherie ist, dann wird die Peripherie zur Provinz.

Wenn es uns gelingt, hier in Klagenfurt eine gute Infrastruktur zu schaffen, dann haben wir die Chance, direkte Anschlussmöglichkeiten in die Regionen zu bekommen. Wenn neue Arbeitsplätze entstehen, dann kann man in Zukunft die Menschen in den Regionen halten. Viele Kärntner wohnen in kleinen Gemeinden und müssen zur Arbeit nach Süddeutschland oder Wien pendeln. Dadurch entsteht das Problem, dass das soziale Leben im Dorf, die Nahversorgung und letztlich auch die Gemeinschaft durch die Abwesenheit der Menschen von Montag bis Freitag zusammenbricht.

Ich kenne einen Ort, für den die Landesregierung einen Beitrag zu seiner Stärkung liefern wollte, in dem sie erwog, ein neues Feuerwehrauto zu finanzieren. Die Feuerwehr stellt traditionell eine wichtige soziale Infrastruktur am Land. Leider gibt es für dieses Auto während der Woche keinen Fahrer, da die meisten Bewohner dieses Dorfes nicht da sind. Heute wissen wir, dass es klüger ist, näher liegende Arbeitsplätze im Ballungsraum zu fördern, damit die Landgemeinden auch unter der Woche ihre Stärken gegenüber der Stadt als Lebensraum ausspielen können. Das ist für mich eine zeitgemäße Regionalentwicklungsstrategie, die an der Wurzel des Problems ansetzt.

In einer deutschen Zeitung wurde bei einer Untersuchung der erfolgreichsten 60 deutschsprachigen Informatikinstitute als einziges österreichisches die Klagenfurter Universität genannt.

Die Herausforderung besteht nun darin, reale Qualitäten zu bündeln. Der Lakeside Park konzentriert als Strategie bisher nur lose verbundene Fähigkeiten der Region zu einer Synergie: Bestehende IT-Unternehmen, Universität und Fachhochschule plus das Umfeld der Grenzregion mit ihrer Nachbarschaft zu den neuen Märkten Südosteuropas.

Unsere Überlegungen sind genau in diese Richtung gegangen. Es funktioniert sicher nicht, eine Immobilie auf die grüne Wiese zu stellen und sich Mieter in ganz Europa zusammenzusuchen. Die Grundsubstanz muss glaubwürdig vorhanden sein, sonst fehlt die Anziehungskraft.

Wir haben in Kärnten eine Universität im Bereich Informatik, die mit Wien österreichweit zu den besten zwei zählt. In einer deutschen Zeitung wurde bei einer Untersuchung der erfolgreichsten 60 deutschsprachigen Informatikinstitute als einziges österreichisches die Klagenfurter Universität genannt. In Kärnten gibt es sehr viele kreative Menschen, was uns für den Bereich der Forschung und Entwicklung prädestiniert. Unsere Geschichte an der Schnittstelle der germanischen, slawischen und romanischen Kultur hat eine Mentalität herausgebildet, die sich leicht tut mit den Themen Kommunikation, Einfühlungsvermögen, Verständlichkeit. Fähigkeiten, die bei der Entwicklung globaler Kommunikationssysteme, wo es um Usability geht, eine große Rolle spielen.

Dass wir in diesem geografischen und kulturellen Dreieck leben, muss als Edelstein gesehen werden, den man zum Strahlen bringen kann. Vor allem vor dem Hintergrund der neuen EU-Beitrittsländer ist das eine Chance, die wir im Lakeside Park zielgerichtet ergreifen. Niederlassungen in Laibach und Zagreb sind eine realistische Zukunftsperspektive.

Unsere Geschichte an der Schnittstelle der germanischen, slawischen und romanischen Kultur hat eine Mentalität herausgebildet, die sich leicht tut mit den Themen Kommunikation, Einfühlungsvermögen, Verständlichkeit.

Sie sind immer wieder mit Entscheidungsträgern von Technologieunternehmen in Kontakt, denen Sie als potenzielle Mieter den Lakeside Park präsentieren. Welches sind letztlich die ausschlaggebenden Faktoren für deren Entscheidung, nach Klagenfurt zu kommen?

Eine große deutsche Firma hat sich unser Projekt angeschaut, das damals noch nicht einmal gebaut war. Ich habe den Top-Managern die Pläne und das Grundstück gezeigt und unser Vorhaben geschildert. Beim Verabschieden hat einer der Führungskräfte zu mir gesagt: »Wir bekommen überall auf der Welt ein Gebäude. Jeder stellt uns hin, was wir haben wollen. Aber bei Ihnen ist etwas anders. Da sind Menschen mit Begeisterung, mit einer starken Vision. Wenn es irgendwie geht, kommen wir«. Sechs Monate später hatten wir die Zusage.

Natürlich müssen die Hausaufgaben gemacht sein – die Ausrichtung auf ein klar umrissenes Spezialgebiet, die Kooperation mit der Universität, eine gute Architektur, ein interessanter Mix an Nachbarbetrieben – aber letztlich entscheidet dann die Emotion, der Spirit eines Projekts. Menschen, die etwas gemeinsam bewegen wollen. Denn diese Kraft kann sich kein Konzern der Welt kaufen.

In der Konzeptionsphase haben Sie auch andere europäische Technologie-Parks besucht. Was waren Ihrer Meinung nach dort die wichtigsten Elemente für den Erfolg dieser Projekte?

Das Schlüsselkriterium ist ein guter Manager und engagierte Leute in seinem Team. Es gibt zwei interessante Beispiele: Eines in Spanien, San Sebastian, und das andere, Sofia Antipolis, bei Cannes.

In San Sebastian gibt es einen Geschäftsführer, der das Projekt von Null weg aufgebaut hat. Seine außergewöhnliche, eigentlich verrückte, Idee war, Technologie und Musik zusammen zubringen. Forschung und Entwicklung ist natürlich das Geschäft, aber der soziale Kitt, der Raum für Begegnung, Austausch und Beziehung ist ein Musikprogramm, das heute dort eine wichtige Rolle spielt.

Dafür suchte er sukzessive Partner, Menschen die diese Idee mittragen und er hat einen sensationellen Technologiepark entwickelt.

Sofia Antipolis ist das europäische Musterbeispiel und mit dem Lakeside-Projekt thematisch vergleichbar. Als der Vertrag der Gründungspioniere abgelaufen war, wurde das Management ausgewechselt und damit ist der Inkubator gekippt. An diesem Beispiel kann man erkennen, wie wichtig die Führung eines solchen Projekts ist und wie relativ Gebäude oder Standorte sind.

Normalerweise sind Parkmanager eher so etwas wie Immobilienmakler, die eine mehr oder weniger interessante Gebäude-Infrastruktur anbieten. Sie betreiben dieses Projekt aber wie ein Regisseur, der ein Stück besetzt. Die Bühne ist der Lakeside Park, die Vorstellung heißt »F&E im Bereich Telematik« und Sie besetzen nun die Schauspieler, die dieses Stück optimal realisieren können.

Als nachhaltiges Regionalentwicklungsprojekt ist dieses Konzept gar nicht anders umsetzbar. Entweder wir unterbreiten Topunternehmen ein außergewöhnliches Angebot der Kooperation und das heißt für diese letztlich die Chance auf großen betrieblichen Erfolg, oder wir setzen auf ein neues Gehäuse mit geringen Betriebskosten, einem schönen Fußboden und subventionierten Mietkosten. Wenn du das tust, geht's nur noch um den Preis. Wir kennen das Geschäft potenzieller Bewohner des Lakeside Parks genau. Ich weiß zum Beispiel, welche drei Betriebe im deutschsprachigen Raum an einer Technik dran sind, die zu den bereits im Park vertretenen Themen ideal passen würde. Also spreche ich diese Betriebe ganz gezielt an. Wenn ein Unternehmen merkt, dass du für sie mitdenkst, bist du ein willkommener Gesprächspartner. Die Chancen, dass die dazukommen wollen, sind hoch.

Ein weiteres wichtiges Kriterium sind abgestimmte Größenordnungen der Partner im Park: Initiative heimische Betriebe, kreative kleine und mittlere Unternehmen plus internationale Konzerne, die professionell Entwicklungsabteilungen aufbauen. Damit wird wiederum sichergestellt, dass der Lakeside Park in das Netzwerk mit anderen großen Entwicklungszentren integriert wird.

Ein wichtiges Element für den Erfolg des Projekts wird die Zusammenarbeit der Unternehmen mit Universität und Fachhochschule sein. Wie beurteilen Sie die Kooperationsfähigkeit des akademischen Bereichs, der ja zunehmend durch die Verknappung der öffentlichen Mittel zu Partnerschaften mit Unternehmen gezwungen wird, historisch gesehen aber ein glücklicher Bewohner seines Elfenbeinturms war?

Ich glaube, dass Kooperationen zwischen Hochschulen und Betrieben zukünftig etwas vollkommen Alltägliches sein werden. Das Know-how dazu wächst ständig. Die Universität hat eine jahrhundertalte Geschichte, früher war es nur eine elitäre Schicht, die an den Hochschulen studiert hat. Mit dem Steigen des Bildungsgrades der Gesamtbevölkerung und andererseits auch durch die immer stärkere Verknüpfung mit der Wirtschaft gibt es bereits auf vielen Ebenen eine gute Zusammenarbeit. Das hängt auch damit zusammen, dass immer mehr Unternehmer eine Uni besucht haben. Es wurden inzwischen viele Grenzen aufgehoben, obwohl es aus meiner Sicht noch nicht so ist, wie es sein sollte.

Im KWF haben wir eigens ein Programm für kleinere und mittlere Unternehmen angeboten, um gegenseitige Berührungsängste abzubauen, den so genannten »Innovationsassistenten«. Darin haben wir junge Akademiker in kleinere Betriebe hineingebracht, die mit der Forschung und Entwicklung erst begonnen haben. Diese Abgänger haben dem Betrieb geholfen, sein Projekt zu entwickeln. Der eine oder andere Unternehmer hatte ursprünglich noch Bedenken, zum Beispiel gab es die Befürchtung, dass dadurch seine Erfindung gestohlen werden könnte. Wir haben dieses Programm zweimal durchgeführt und es kam zu einem lebendigen Austausch in der Zusammenarbeit.

Es geht um ganz einfache Dinge, wie etwa zuhören, verstehen lernen, was mein Gesprächspartner am Herzen hat und erkennen, wo ich ihm einen Nutzen bringen kann.

Wichtig für eine geglückte Beziehung ist auch, dass wir den Lakeside Park in unmittelbarer Nähe zur Universität bauen. Das ist in Österreich einzigartig, da alle Hochschulen rundherum verbaut sind. Die Uni steht mit dem einen oder anderen Institut sogar mitten in unseren Gebäuden. Wir haben im Park zum Beispiel einen gemeinsamen Kindergarten, auch das wird zu Fluss und Kontakten beitragen und zwar auf einer ganz einfachen Ebene.

Wo sehen Sie in der täglichen Betreuung der Mieter die Schwerpunkte?

Es geht um ganz einfache Dinge, wie etwa zuhören, verstehen lernen, was mein Gesprächspartner am Herzen hat und erkennen, wo ich ihm einen Nutzen bringen kann. Es geht um die persönliche, gefühlvolle Auseinandersetzung mit Menschen.

Ich sag es an einem Beispiel: Einen Top-Manager nach Klagenfurt zu bringen, hängt stark von seiner Frau ab, da die sich um wesentliche Dinge kümmern muss wie etwa die Wohnung oder die Schule der Kinder und so weiter. Sind aber die Kinder unglücklich, ist die Frau nicht zufrieden und am Schluss auch der Top-Manager nicht. Deshalb wird unser Service auch vor diesen Fragen nicht Halt machen. Wir bieten Hilfestellung bei der Wohnungssuche, bei der Information über Schulen und Kindergärten oder bei Behördengängen.

Sie haben das Projekt von der ersten Idee bis zu seiner Realisierung intensiv und persönlich engagiert betreut. Woher beziehen Sie Ihre Motivation für dieses Projekt?

Das berührt wiederum den Anfang unseres Gesprächs, das Engagement für eine Region, die vermeintlich benachteiligt ist und durch die Konzentration ihrer Stärken eine wettbewerbsfähige Qualität entwickelt.

Ich komme selbst aus bescheidenen Verhältnissen. Meine Eltern bewirtschafteten einen kleinen Bergbauernhof mit acht Rindern, der unsere Familie mit fünf Kindern ernährte. Mit 13 Jahren habe ich am Bau gearbeitet, um mir die Mittelschule zu finanzieren, da sich die Eltern meine Ausbildung nicht leisten konnten. Ich habe mir meine Qualifikation selber erarbeitet. In der Hauptschule war ich beispielsweise im B-Zug, weil ich in der vierten Klasse Volksschule mit dem Lehrer Probleme hatte. [In den siebziger Jahren war die österreichische Hauptschule in einen A- und einen B-Zug geteilt, letzterer für schwächere Schüler, die mit diesem Abschluss jedoch nicht mehr die Möglichkeit hatten, ein Aufbaugymnasium zu besuchen.] Eigentlich war ich schlecht qualifiziert, habe mich dann aber bis zum Uniabschluss sukzessive weiterentwickelt und dadurch bis heute nicht die Bodenhaftung verloren.

Einmal gab es dazu eine witzige Situation: Ich arbeitete damals in der Obersteiermark und wir hatten ein Projekt entwickelt, wie man Lehre und Matura verbinden kann. Mich hat das als Pädagoge fasziniert und ich bin mit dieser coolen Idee nach Wien gegangen und habe sie der Unterrichtsministerin vorgestellt. Die Kabinettchefin meinte daraufhin, dass das Projekt sinnlos ist, da aus den Lehrlingen und B-Züglern sowieso nie was wird. Daraufhin habe ich ihr erklärt, dass ich B-Zügler bin. Der war das dann sehr peinlich.

Die Konzentration auf die vorhandenen Ressourcen und Fähigkeiten, Entwicklung ermöglichen durch Zusammenarbeit und dies mit Freude zu initiieren, ist eine Energie, die mit meiner eigenen Geschichte stark verbunden ist.

Heinrich C. Mayr

KMUni global

Das Institut für Wirtschaftsinformatik und Anwendungssysteme der Universität Klagenfurt betreibt konsequent F & E-Kooperationen mit kleinen und mittelständischen Unternehmen (KMU). Und das zunehmend auf internationalem Niveau.

Heinrich C. Mayr

O.Univ.Prof. Dr.Dr.h.c. Heinrich C. Mayr ist Dekan der Fakultät für Wirtschaftswissenschaften und Informatik der Universität Klagenfurt. Er studierte in Karlsruhe, promovierte in Grenoble, leitete ein Softwarehaus in Deutschland und ist seit 1990 Professor in Klagenfurt.

Seine Fakultät beherbergt einen der besten Informatikfachbereiche Österreichs und verfügt über internationale Reputation. Ein Zeichen dafür ist der weltweit wichtigste Kongress zum Thema »Conceptual Modelling«, der nach Chicago und Shanghai konsequenterweise in Klagenfurt stattfindet.

Professor Mayr ist einer der zentralen Kooperationspartner im Lakeside Park auf Seiten der Universität. Teile von Forschungseinrichtungen seines Institutes werden in den Gebäuden Tür an Tür mit den F&E-Einheiten der Unternehmen untergebracht sein.

> Unsere Studierenden sind nach dem Studium sofort einsatzfähig, was die meisten anderen technischen Universitäten nicht von sich behaupten können.

Herr Professor Mayr, wo sehen Sie die Fakultät für Wirtschaftswissenschaften und Informatik der Universität Klagenfurt im internationalen Vergleich?

Wir haben seit Beginn unserer Tätigkeit die Präsenz und Mitwirkung in der internationalen Community intensiv betrieben. Mit wissenschaftlichen Publikationen sind wir gut vertreten, nehmen an vielen Tagungen teil und veranstalten auch selber immer wieder internationale Konferenzen.

Zwei Strategien sind für unsere Profilierung zentral: Einerseits natürlich die Vernetzung mit der wissenschaftlichen Welt, gleichzeitig aber die Wirkung in der Region. Für uns bedeutet das hier in Kärnten eine Spezialisierung auf Klein- und Mittelbetriebe, sogenannte KMU. Wir versuchen, Erkenntnisse aus anderen Ländern zu diesem Thema in die Region zu bringen und wiederum unsere Erfahrungen international zu publizieren.

Beispielsweise sind wir in einem Forschungs-Verbund mit anderen peripheren Regionen Europas vertreten, die sich mit der Kooperation von Universitäten und Wirtschaftsbetrieben beschäftigen, um die Peripherie gegenüber den Zentralräumen zu stärken.

Universitäten abseits von Metropolen verfügen durch ihren dünner besiedelten Einzugsbereich über ein geringeres Studentenpotenzial und sind in der Regel auch nicht so komplett ausgebaut wie Hochschulen in Großstädten. Wenn meine Informationen stimmen, ist jede einzelne Informatikfakultät in Deutschland größer als Ihre hier in Kärnten. Wo liegen die strategischen Ansatzpunkte in Klagenfurt und in anderen europäischen Randregionen, um diese Nachteile zu kompensieren?

Die Diagnose ist richtig, aber gemessen an Publikationen sind wir vielfach besser vertreten als die meisten unserer größeren deutschen Schwesterfakultäten. Es gibt unterschiedliche Ansatzpunkte: Die Universität von Bangor in Wales beispielsweise, auch eine Randregion mit Mehrsprachigkeit, verfügt über eine sehr ähnliche Ausgangsbasis wie wir hier. Die produzieren hochprofessionell ein universitäres Fernsehprogramm, das in die ganze Region täglich ausgestrahlt wird. Damit haben sie ihre Studentenzahlen massiv erhöht.

Wir hier in Klagenfurt widmen uns speziell den Bedürfnissen von kleinen und mittelständischen Unternehmen und sind dabei sehr anwendungsorientiert. Unsere Studierenden sind nach dem Studium sofort einsatzfähig, was die meisten anderen technischen Universitäten nicht von sich behaupten können. Üblicherweise benötigen Abgänger noch ein, zwei Jahre in den Betrieben, um voll mitarbeiten zu können. Wir schaffen das wesentlich schneller, weil wir beispielsweise neben ständig laufenden Unternehmenskooperationen auch ein Praxissemester in den Studiengang integriert haben. Im siebten, achten oder neunten Semester arbeiten die Studierenden bei einem betrieblichen Projekt mit, das den Anforderungen an einen graduierten Informatiker entspricht. Das wird dann in Lehrveranstaltungen aufgearbeitet und fließt meist auch in die Diplomarbeit mit ein. Das heißt, Umsetzung und Praxistauglichkeit werden bei uns bereits während des Studiums vermittelt.

Meine Erfahrung ist, dass unsere Informatiker, selbst wenn sie nur ein mittelmäßiges Zeugnis haben, in wenigen Jahren in Führungspositionen sind, weil sie eben tiefgreifende informatische Kompetenz mit betriebswirtschaftlichem Denken verbinden können. Die Kombination von Wirtschaft und Informatik und die gezielte Zusammenarbeit mit den Unternehmen vor Ort macht uns zunehmend auch für Studenten aus anderen Ländern interessant.

Wir veranstalten seit einiger Zeit Seminare, in denen wir mit 30 Studierenden gemeinsam ein bestimmtes Problem für ein Unternehmen analysieren und verschiedene Konzepte entwickeln.

Die Zusammenarbeit zwischen Hochschulen und Unternehmen ist nicht selbstverständlich und einfach. Es treffen unterschiedliche Organisationskulturen, Zielsetzungen und auch Erwartungshaltungen aufeinander. Wie erleben Sie als Hochschullehrer die Kooperation mit Wirtschaftsbetrieben?

Mit größeren Unternehmen funktioniert das bereits sehr gut, aufgrund jahrelanger Erfahrungen gehören solche Partnerschaften dort mittlerweile zum Tagesgeschäft. Bei kleineren Betrieben sieht das anders aus. Viele erwarten sich unmittelbar umsetzbare Ergebnisse und nicht Mitarbeiter, die mit ihrer Arbeit auch wissenschaftliche Ziele verbinden müssen. Beispielsweise betrachtet mancher Mittelständler eine Dissertation als Zeitvergeudung. Im Laufe der Zeit aber können wir dann schon vermitteln, dass die Kooperation mit der Uni eine Win-Win-Situation sein muss. Wir bieten mit unseren Nachwuchswissenschaftlern hochengagierte Leute, die sich weit über normale Arbeitszeitregelungen hinaus einbringen, aber die natürlich über das, was sie dort tun, etwas Publikationsfähiges erzeugen müssen. Wir machen kein Projekt, bei dem nicht die Chance besteht, dass unsere Leute für ihre wissenschaftliche Laufbahn etwas daraus machen können. Das dauert manchmal etwas, bis das verstanden wird, aber letztlich merken alle, wie sie von dieser Konstellation profitieren.

Abgesehen vom Fachlichen, das natürlich bei Kooperationen im Zentrum steht, gewinnt ein Unternehmen im Kontakt mit Studierenden doch auch durch den Blick von außen, durch den Ideenreichtum junger Menschen, deren Querdenkertum und Energie. Der BABEG-Geschäftsführer Erhard Juritsch meint in unserem Gespräch sinngemäß, man muss sich als 40-jähriger Profi von 25-jährigen Newcomern »nerven« lassen, um wirklich hervorragende Ergebnisse in einem Unternehmen zu erzielen.

Ja, das ist auch meine Überzeugung und das wird von manchen Führungskräften zunehmend geschätzt! Wir veranstalten seit einiger Zeit zum Beispiel Seminare, in denen wir mit 30 Studierenden gemeinsam ein bestimmtes Problem für ein Unternehmen analysieren und verschiedene Konzepte entwickeln. Damit entsteht eine Art Hofnarrsituation, in der spannende, verrückte und auch machbare Lösungen auftauchen. Das kommt bei allen sehr gut an und ist auch erfolgreich. Eine Dienstleistung, an die man anderweitig gar nicht so leicht herankommt.

Besonders kleinere Unternehmen sind organisatorisch nur schwer in der Lage, Kooperationen zu managen. Oft verfügen sie auch gar nicht über die Information, was ihnen der Kontakt mit der Uni bringen könnte. Was kann man tun, um in Zusammenarbeit mit diesen Betrieben zu kommen?

Im Lakeside Park gründen wir ein Kompetenztransferzentrum, das aktiv den Kontakt mit genau solchen Betrieben sucht. Tatsächlich nützen nämlich nur maximal 30 Prozent aller Unternehmen, die Software entwickeln, produzieren oder Dienstleistungen rundherum anbieten, die methodischen Erkenntnisse und Verfahren der letzten 30 Jahre. Wir wollen, dass diese Engineeringmethoden, wie sie von erfolgreichen international tätigen Unternehmen eingesetzt werden, auch kleineren Betrieben zugute kommen. Eine bewährte Methodik der Qualitätssicherung oder des Produktmanagements erhöht die Effizienz enorm.

Wenn man im Jahr 2010 von europäischen Forschungs- und Entwicklungszentren in der IT spricht, dann sollte spätestens nach Sofia Antipolis der Lakeside Park in Klagenfurt genannt werden.

Ich bin der Überzeugung, dass auch Mikrounternehmen im Netzwerk fixfertige Nischenprodukte perfekt herstellen können oder spezialisierte Baugruppen für große Systeme. Das vermag die Struktur dieser Region und ihr Humankapital zu leisten.

Wo sehen Sie das Potenzial des Lakeside Science & Technology Parks? Wird dieses Zentrum ein kraftvoller, aber regional beschränkter Impuls sein, oder ist für Sie eine internationale Spitzenposition realistisch?

Wenn man im Jahr 2010 von europäischen Forschungs- und Entwicklungszentren in der IT spricht, dann sollte spätestens nach Sofia Antipolis [Französisches Forschungszentrum von kooperierenden Unternehmen bei Cannes] der Lakeside Park in Klagenfurt genannt werden. Wir wollen ein international bedeutendes Topzentrum, sehr konzentriert auf Informatik und IT, werden. Welche Spezialthemen die Leuchttürme sein werden, lässt sich heute noch nicht absehen. Entscheidend ist der Mix an Unternehmen – wir brauchen Betriebe, die Forschungsbedarf haben und auf unser Forschungsangebot auch einsteigen wollen und können. Mit den heutigen Mietern ist dies schon möglich und der weitere Ausbau ist bereits auf Schiene.

Hier haben wir die einmalige Möglichkeit eines intensiven Zusammenlebens von Universität, Fachhochschule und einschlägig spezialisierten Unternehmen, alles praktisch über den Gang hinweg. Das heißt, Führungskräfte unterrichten bei uns, Studierende praktizieren zwei Türen weiter, Wissenschaftler der Uni forschen gemeinsam mit betriebsinternen Entwicklern … Das wird zu einer spürbaren Beschleunigung von Prozessen führen, zu einem fließenden Austausch von Kompetenz, Arbeitskraft und Inspiration. Sie glauben nicht, wie viel an Ideen, Erkenntnissen und Kooperation entsteht, durch ein Treffen am Buffet oder beim Kaffee draußen auf der Bank!

Kooperationen können sich einerseits sehr einfach und selbstverständlich entwickeln. Gleichzeitig ist es aber auch wichtig, das eigene Angebot verständlich und aktiv zu kommunizieren. Wie wird Ihr Institut sein Angebot den Lakeside-Partnerunternehmen vermitteln?

Ich erläutere das an einem konkreten Beispiel: In einem unserer bestehenden Kooperationsnetzwerke fragen wir die beteiligten Unternehmen einmal pro Jahr »wo habt ihr internen Bildungsbedarf, wo gibt's Probleme, was sind Themen, die aus eurer Sicht in den nächsten Jahren relevant werden«? Darauf bauen wir dann ein ganz spezifisches Workshop-Programm für zwei- bis dreitägige Seminare auf, in dem wir diese Fragen mit den Mitarbeiterinnen und Mitarbeitern der Unternehmen durcharbeiten. In diesen Tagungen diskutieren wir dann auch aktuelle Forschungsfragen und thematisieren Ansätze, die wir aus wissenschaftlicher Sicht besonders wichtig finden.

Solche Instrumente werden wir auch für unsere Lakeside-Nachbarn anbieten. Wichtig ist dabei eine gute Mischung zwischen Zukunftsthemen und unmittelbar hilfreichen Praxisfragen. Wenn man nur ersteres macht, dann hängen Ihnen die Leute ab und sagen »typisch Uni, Elfenbeinturm«. Aber beides ist notwendig.

Ich habe immer wieder erlebt, dass Studenten bei ihren Praktika hängen bleiben und zu Ende des Studiums dann zwar über keinen Abschluss verfügen, dafür aber Abteilungsleiter sind. Eigentlich wunderbar, aber als ihr Professor werden Sie damit keine Freude haben, oder?

Ja, das stimmt! Viele machen sich auch während des Studiums selbstständig und wenn dann ein Kunde anruft, bei dem was nicht funktioniert, ist das natürlich wichtiger als die wissenschaftliche Arbeit. Ich mache jährlich mehrere Rückholaktionen, indem ich Studierende, die noch keinen Abschluss haben, immer wieder anrufe und sage »kommt's doch wieder, macht's fertig«; es ist doch schade, wenn die kein Diplom haben.

In Kharkiv gibt es außergewöhnliche Wissenschaftler, die damals die Raketenantriebe entwickelt haben. Wir holen uns von dort immer die sechs Besten eines Jahrgangs.

Arbeiten Sie auch mit anderen Universitäten zusammen? Der internationale Austausch von Studenten ist ja gerade im ländlichen Raum besonders wichtig, weil das Umfeld diese Begegnungsmöglichkeiten nicht automatisch anbietet.

Wir haben seit Jahren eine wichtige strategische Kooperation mit der ukrainischen Nationalen Technischen Universität Kharkiv. Sie müssen sich vorstellen, dort gibt es 20.000 Studierende, die über eine hervorragende Ausbildung verfügen, gleichzeitig aber nur wenig Zugang zur betriebswirtschaftlichen Realität westlichen Standards finden. Das war damals einer der Thinktanks der ehemaligen Sowjetunion. In Kharkiv gibt es außergewöhnliche Wissenschaftler, die damals die Raketenantriebe entwickelt haben. Wir holen uns von dort immer die sechs Besten eines Jahrgangs, die dann bei mir ihre Diplomarbeit machen und in Kärntner Unternehmen praktizieren. Dietmar Schwarzenbacher von UNIQUARE [siehe erstes Interview], der das Projekt auch finanziell unterstützt, hat mittlerweile glaube ich bereits zwölf dieser Leute angestellt.

Spannend ist übrigens, dass diese Studierenden brillante Köpfe sind, aber wenn der Professor sagt, »so ist es«, dann nicken sie das widerspuchslos ab. Selbstständiges Arbeiten, eigene Ideen, neue Wege zu gehen, ist ihre Stärke nicht. Wir versuchen deshalb, unseren Studenten Kritikfähigkeit zu vermitteln und konstruktive Einwände zu belohnen. Auch das gehört zur Praxisorientierung.

Was können Führungskräfte aus Ihrer Sicht tun, um Kreativität und Entwicklungsgeist in ihrer Organisation lebendig zu halten?

Dazu fallen mir mehrere Ansätze ein. Oft ist es doch so, dass sich Unternehmen gut ausgebildete, junge Leute holen, die sie dann in einem spezifischen Gebiet jahrelang einsetzen, ohne sie bildungsmäßig auf dem Laufenden zu halten, bis dann dieser Standard überholt ist und die Mitarbeiter kaum mehr zu gebrauchen sind. Klassisches Beispiel sind die vielen tausend Cobolprogrammierer, die man nie mehr für was anderes einsetzen konnte. Wesentlich für die Innovationsfähigkeit eines Unternehmens ist, dass die Personalentwicklung einerseits Rotation vorsieht, also die Leute an verschiedenen Stellen arbeiten lässt und sie andererseits permanent weiterbildet. Jeder sieht ein, dass man seine Software alle zwei Jahre auf den aktuellen Stand zu bringen hat, aber dass das in viel höherem Maße für die Mitarbeiterinnen und Mitarbeiter gilt, ist vielen unklar.

Ein weiteres wichtiges Element für Spitzenleistungen ist Freiraum. Natürlich sollte es einen definierten Rahmen für die produktive Leistung geben, die ich mir von einem Mitarbeiter erwarte. Aber als Führungskraft muss ich auch Stunden vorsehen, in denen meine Leute spielen, sogar mal ein erfolgloses Konzept entwickeln dürfen. Denn Forschung bedeutet, Wege auszuprobieren, die man eben noch nicht kennt, wo die Chance vielleicht fiftyfifty ist, dass das Projekt ein Erfolg wird.Wenn Unternehmen das verstehen, bekommen sie auch die besseren Mitarbeiter, weil es dann für die spannend ist, dort zu arbeiten.

Klagenfurt hat 90.000 Einwohner und besitzt ein eigenes Theater von toller Qualität, es gibt wunderbare Festivals, gute Lokale und das in einer der schönsten Landschaften der Welt.

Themenwechsel: Im Lakeside Park werden eine Reihe von Unternehmen arbeiten, die aus einem anderen Land eine F&E-Einheit nach Kärnten verlegen. Wie haben Sie als Deutscher das Land erlebt, die Menschen, die Atmosphäre hier?

Also erst einmal muss ich betonen, dass meine Namenswurzeln in Österreich liegen, vor zweihundert Jahren wurde ein Mayr gemeinsam mit dem Tiroler Freiheitskämpfer Andreas Hofer erschossen.

Aber es stimmt schon, ich bin von Karlsruhe hierher gezogen und es gibt natürlich objektive und subjektiv empfundene Unterschiede. Damals entschied ich mich für Kärnten, weil mein Vorgänger die Konzentration auf Praxisfragen bereits zur strategischen Ausrichtung erhoben hat. Zu dieser Zeit leitete ich noch ein Softwareunternehmen und fand diesen wechselseitigen Transfer von Theorie und Anwendung spannend. Kärnten scheint für diesen hemdsärmeligen Ansatz ideal zu sein. Wenn ich deutsche Universitäten oder andere österreichische mit uns vergleiche, sehe ich, wie schwer die sich tun, ihre Arbeit auf den Boden der betrieblichen Realität zu bekommen. In Kärnten gibt es einen pragmatischen Zugang, ohne aber die wissenschaftlichen Standards aufzugeben.

Ein Problem, aus meiner Sicht, ist das System der Konzentrationsregierung hier [Alle im Landtag vertretenen Parteien sind proportional zu ihren Wählerstimmen in der Regierung vertreten.], was zur Folge hat, dass oft der kleinste gemeinsame Nenner verwirklicht wird und es deshalb oft Verwässerung, Kompromiss und wenig Chancen für neue, mutige Konzepte gibt. Dazu kommt noch der unselige Wettbewerb zwischen manchen Städten. Statt dass die Zusammenarbeit zum Wohle für das Gemeinsame gesucht wird, stehen kurzfristige Profilierungserfolge im Vordergrund. Insofern ist der Lakeside Park wirklich eine sehr konsequente Konzeption, die durch Kooperation Erfolg für das ganze Land lukriert.

Es gibt hier viele hochintelligente, engagierte Leute, aber die brauchen aus meiner Sicht für die Umsetzung ihrer Ideen länger als anderswo. Im Wettbewerb mit Regionen, in denen Land, Stadt, Uni, FH an einem Strang ziehen, sind wir deshalb manchmal zu langsam. Kärnten braucht Zusammenhalt und die Konzentration auf das Gemeinsame, wie hier im Lakeside Park, sonst kann das Land international nicht mithalten. Handschlagqualität gibt es hier allerdings mit den Unternehmern, da habe ich sehr gute Erfahrungen gemacht.

Sie sind beruflich viel in Amerika und Ostasien unterwegs, kennen Deutschland sehr genau; wie erleben Sie die kulturelle Infrastruktur hier, die Landschaft und das Umfeld für Ihre Familie?

Das ist perfekt. Vor kurzem war ich in Urbana-Champaign, dort ist eine der Spitzenuniversitäten der USA, gemeinsam mit Genf die Geburtsstätte des Internet. Stellen Sie sich vor: Eine Stadt mit 120.000 Einwohnern, deren einzige Attraktion ein Kino ist. Rundherum haben sie tausende Hektar von Sojabohnen. Grauenhaft! Klagenfurt hat 90.000 Einwohner und besitzt ein eigenes Theater von toller Qualität, es gibt wunderbare Festivals, gute Lokale und das in einer der schönsten Landschaften der Welt.

Dann ist noch die immense Mobilität hier verblüffend. Die Fluganbindung ist exzellent, insbesondere die Tagesrandverbindungen! In Städten gleicher Größenordnung finden Sie das nirgendwo.

Dazu kommt die Sicherheit. Damit können Sie zum Beispiel amerikanische Manager anlocken. Für die ist es paradiesisch, dass man in Klagenfurt um Mitternacht seelenruhig alleine nach Hause spazieren kann. Meine Frau lässt oft für die Kinder den Schlüssel an der Haustür stecken und vergisst ihn manchmal. Wenn ich dann nachts nach Hause komme, schließe ich ab. Kein Mensch macht sich da Sorgen. Das ist ein ungeheurer Wert.

Eine weitere Qualität sind die vielfältigen Schulbildungsmöglichkeiten für die Kinder, das hat fast schon skandinavisches Niveau. Österreich ist Deutschland in diesem Punkt weit überlegen. Eines meiner Kinder besucht jetzt die Musikhauptschule und kann danach noch ins Gymnasium einsteigen. In anderen Ländern gibt es diese Vielfalt und Flexibilität nicht.

Gibt es etwas, was Sie persönlich an Kärnten ganz besonders schätzen?

Wie man sieht, das Essen. Nein, im Ernst, in Kärnten gibt es einen breiten Wohlstand. Obwohl das Lohnniveau hier gar nicht so hoch ist, können sich doch viele Menschen ein Haus leisten oder eine Wohnung kaufen. Meine ältere Tochter fliegt demnächst mit ihrer Schulklasse zum Sprachunterricht nach Malta und alle kommen mit, das kostet eine Menge Geld und ist doch für fast alle hier möglich. Das Bildungsniveau in Kärnten ist außergewöhnlich hoch. Es ist beachtlich, wie viele Menschen hier Erwachsenenbildungsangebote annehmen, um sich Zusatzqualifikationen zu erwerben. Anderswo finden Sie das kaum. Das führt alles zu einem Klima, das Spaß macht, hier zu sein.

Johann Quendler

»

Ich bin kein guter Schlichter. Ich glaube nicht an den dauerhaften Erfolg von Kompromissen

«

Ein Gespräch mit einem Spezialisten
für die rechtlichen Höhepunkte von Kooperationen:
Vertrag und Scheidung.
Und was davor zu beachten ist.

Johann Quendler

Dr. Johann Quendler gehört zu den renommiertesten und einflussreichsten Wirtschaftsanwälten Kärntens und ist Aufsichtsratsvorsitzender der Lakeside Science & Technology Park GmbH.

Seine Kanzlei ist spezialisiert auf Privatstiftungs- und Internationales Wirtschaftsrecht. Er selbst berät zwei der größten Privatstiftungen Österreichs, deren internationale Unternehmungen er als Stiftungsvorstand vertritt.

Wenn ich das Ziel nicht klar ausgemacht und festgestellt habe, ist jeder Weg, den ich gehe, mit hoher Wahrscheinlichkeit der falsche.

Herr Quendler, waren Sie schon einmal Teil eines hervorragenden Teams?

Ja, das bin ich immer wieder, denn ein wichtiges Aufgabengebiet meiner Arbeit ist der Erwerb von Unternehmen oder die Veräußerung von Unternehmensbeteiligungen und diese Tätigkeiten sind nur dann erfolgreich zu bewerkstelligen, wenn ein interdisziplinäres Expertenteam eng zusammenarbeitet. Das sind typische Themen, die nur mit überlappendem Fachwissen bewältigt werden können. Ohne Teamarbeit keine Lösung.

In welchem Team haben Sie sich bisher am wohlsten gefühlt?

Das war, als wir einen Partner für die Kärntner Elektrizitäts AG (KELAG) gesucht haben. In diesem Projekt haben unter anderen der Vorstand, Steuer- und Finanzexperten sowie ich als Jurist über viele Wochen und Monate eng und gut zusammengearbeitet. Nicht nur fachlich, sondern auch auf der emotionalen Ebene und es ist ein tolles Ergebnis herausgekommen.

Was waren die Spielregeln, die Qualitäten, dass dieses Team so gut kooperieren konnte?

Erstens, das gemeinsame Ziel war klar definiert. Zweitens, die Gruppe war fachlich erstklassig und komplementär besetzt, sodass alle Kompetenzen vorhanden waren, die benötigt wurden, um die Aufgabe zu lösen. Und drittens, das ist das Entscheidende: Nicht die exakte Abgrenzung macht ein erfolgreiches Team aus, sondern wechselseitige Unterstützung. Jeder ist dort eingesprungen, wo es für das Gesamtwohl wichtig war, wo ein anderer Hilfe brauchte. Wir haben uns verbunden gefühlt und investierten 150 Prozent unseres Engagements für die gemeinsame Lösung.

Als ersten Punkt sprachen Sie die Zieldefinition an. Als Wirtschaftsanwalt beraten Sie Menschen und Organisationen bei entscheidenden Weichenstellungen. Wie erleben Sie die Fähigkeit und Bereitschaft von Führungskräften, Ziele zu formulieren?

Man muss sehr oft nachhelfen. Für mich gilt der Satz: »Wenn ich das Ziel nicht klar ausgemacht und festgestellt habe, ist jeder Weg, den ich gehe, mit hoher Wahrscheinlichkeit der falsche.« Eine Zieldefinition hat jedoch den vermeintlichen Nachteil, dass ich mich entscheiden muss, für das eine und gegen das andere. Und dass meine Entscheidungen an der Zielsetzung überprüfbar werden. Das scheuen viele Menschen.

Sind Sie selbst jemand, der sich leicht tut, Ziele zu formulieren?

Ich bin ein sehr zielorientierter Mensch. Ich kann ohne ein bestimmtes Ziel eigentlich schwer Leistung erbringen oder überhaupt einen Weg gehen. Im beruflichen Bereich fällt mir diese Orientierungsfähigkeit allerdings wesentlicher leichter als im privaten.

Auch die Zusammenarbeit zwischen Unternehmen ist im besten Fall eine Teamarbeit. Was muss denn aus Ihrer Erfahrung besonders beachtet werden, dass betriebliche Kooperationen glücken?

Sie müssen penibel darauf schauen, dass es ein ausgewogenes Verhältnis des beiderseitigen Nutzens gibt. Keiner darf zu Lasten des anderen profitieren. Und ganz wichtig ist, durchaus zu formulieren, wo beide gewinnen wollen, aber unbedingt auch, was der Einzelne keinesfalls durch die Kooperation verlieren will! Also etwa eine gewisse Eigenständigkeit, oder einen Standort, bestimmte Mitarbeiter, Patente, Märkte und so weiter. Man darf nicht nur die positiven Aspekte klar definieren und als Zielsetzung herausarbeiten, sondern muss sich auch klar dazu bekennen, dass man verschiedene Dinge trotz Kooperation nicht aufgeben will.

Und ganz wichtig ist, durchaus zu formulieren, wo beide gewinnen wollen, aber unbedingt auch, was der Einzelne keinesfalls durch die Kooperation verlieren will!

Ich warne eigentlich davor, Geschäfte aufgrund einer persönlichen Beziehung zu machen.

Als Anwalt sind Sie bei der Vertragsgestaltung dabei, aber auch bei den »Scheidungen«. Wo sehen Sie die größten Fehler, die bei Kooperationen gemacht werden?

Ich erlebe häufig, dass ein zu starker Optimismus in der Phase des Zusammenschließens den Blick auf die späteren Probleme vernebelt. Nach der Hochzeit kommt der Alltag und der Alltag im Unternehmen ist genauso erfreulich und belastend wie in zwischenmenschlichen Beziehungen. Es ist daher enorm wichtig, noch vor der Kooperation, sich sehr kritisch mit möglichen Problemstellungen auseinanderzusetzen.

Jeder sagt, ich werde meine gesamte Leistungskraft, mein gesamtes Können einbringen, aber in der Realität entsteht dann beispielsweise das Empfinden, dass der eine wesentlich mehr leistet als der andere. Was früher als ausgewogen und gerecht angesehen wurde, erscheint plötzlich unausgewogen und ungerecht. Wenn dann auf emotionaler Ebene die Beziehung zerrüttet ist, hat man meistens keine Chance mehr, die Kooperation oder den Zusammenschluss zu retten.

Wie sich eine Zusammenarbeit in Zukunft entwickeln wird, ist leider nur beschränkt abschätzbar. Letztlich muss man immer auch riskieren, oder?

Ja, aber ich denke, man muss aufpassen, welche Intensität der Zusammenarbeit gewählt wird. Es ist nicht immer das Beste, gleich den Sprung ins tiefe Wasser zu wagen, man kann durchaus einen langsameren, kontinuierlichen Weg gehen.

Wenn das möglich ist, rate ich zu einer Phase der Annäherung, in der man gemeinsame Erfahrungen sammelt. Damit bleiben die Führungskräfte einer besseren Auffassung für die Zukunft zugänglich und entscheiden erst zu einem späteren Zeitpunkt, ob die Sache intensiviert und wirklich in einen unauflöslichen Zusammenschluss überführt wird, oder ob man sogar wieder einen Schritt zurückgeht.

Sie würden eine Art Stufenplan vorschlagen: Lass uns zuerst einmal einen gemeinsamen Spaziergang machen, wenn das gut geht, machen wir eine Wanderung und wenn die klappt, planen wir die Himalaya-Expedition.

Genau. Leider ist das nicht in jedem Fall möglich. Manchmal kann man sich nur ganz oder gar nicht entscheiden und das auch noch unter Zeitdruck. Umso mehr ist die Kritikfähigkeit und das Vorausschauen gefordert. Da sind fast schon prophetische Fähigkeiten gefragt.

Welche Rolle spielt die Vertragsgestaltung bei Kooperationen? Haben schriftliche Vereinbarungen Ihrer Einschätzung nach einen starken Einfluss auf das Gelingen oder Scheitern von Kooperationen?

Ein Vertrag nimmt den Akteuren niemals die Verantwortung ab. Ich bin diesbezüglich sehr bescheiden geworden: Als Jurist geht es eher darum, Vereinbarungen rund um die handelnden Personen so zu gestalten, dass nicht die Verträge es sind, die Konflikte auslösen. Man kann alles niederschreiben – ich kenne die Schwächen rechtlicher Gestaltungen –, aber wenn sich zwei Partner nicht mehr verstehen, ist dieser Konflikt mit juristischen Mitteln unlösbar.

Welche Erfahrungen haben Sie mit persönlichen Beziehungen als Ausgangspunkt für Kooperationen gemacht? Oft ist es ja so, dass sich Freunde geschäftlich zusammentun.

Ich glaube, der bessere Weg ist, eine Freundschaft aufgrund eines guten Geschäftes, als ein Geschäft aufgrund einer guten Freundschaft. Erfahrungsgemäß bewahrheitet sich diese Erkenntnis im Wirtschaftsleben. Zunächst gilt es, die sachlichen Aspekte gut im Griff zu haben. Partner müssen auf dieser Ebene zusammenkommen, erfolgreich sein und gewinnen und daraus kann dann eine positive, emotionale und auch nachhaltige Beziehung entstehen. Ich warne eigentlich davor, Geschäfte aufgrund einer persönlichen Beziehung zu machen. Oft muss diese Beziehung dann die wirtschaftlichen Rahmenbedingungen substituieren. Das geht mit hundertprozentiger Sicherheit daneben, spätestens dann, wenn die Personen wechseln oder sich das persönliche Umfeld verändert.

Manche Juristen neigen dazu, zu glauben, dass ein Haus mit Paragraphen gebaut wird und nicht mit Ziegeln.

Der kurzfristige Gewinn geht nie einher mit dem dauerhaften Vorteil. In Wirtschaftsbeziehungen geht es immer darum, den Weg der Ausgewogenheit zu finden, sonst wird man nicht erfolgreich sein.

Wie gehen Sie damit um, dass Ihr Beruf eine ständige Konzentration auf das Defizit erfordert, auf das, was alles passieren könnte? Die Qualität Ihrer Beratung liegt ja zu einem großen Teil darin, dass Sie gut warnen.

Nicht nur, denn beispielsweise durch das österreichische Stiftungsrecht hat sich das Berufsbild des Anwalts in den letzten Jahren stark verändert. Als Eigentümervertreter im Stiftungsvorstand sind wir weit über die traditionellen Grenzen des Rechtsvertreters in Richtung Management gerückt.

Aber es stimmt schon, Warnen ist enorm wichtig. Man muss aktiv und konkret mögliche Gefahren und Risiken bedenken und aufzeigen und wenn sie das als Wirtschaftsanwalt nicht tun, haben sie Ihre Aufgabe nicht erfüllt.

Aber über einen Punkt müssen wir uns im Klaren sein: Das Rechtliche ist nur eine Begleiterscheinung der Wirtschaft. Es setzt den Handlungsrahmen fest und ohne eine gute rechtliche Organisation und Struktur kann man nicht handeln. Aber das Geschäft macht der Kunde nicht mit dem Recht, sondern mit seinem unmittelbaren Business, mit seinem Produkt, mit seinen Leistungen. Daher müssen wir Anwälte immer die Demut haben, zu erkennen, dass unser Bereich zwar notwendig ist, aber nicht die Hauptsache. Manche Juristen neigen dazu, zu glauben, dass ein Haus mit Paragraphen gebaut wird und nicht mit Ziegeln. Deshalb ist es für den Wirtschaftsjuristen sehr, sehr wichtig, die wirtschaftlichen Bedingungen zu verstehen und nicht nur das Rechtliche. Und dann kommen wir von den Risiken zu den Chancen.

Ein Anwalt ist jemand, der per definitionem voll und ganz die Interessen einer Partei vertritt und dies manchmal sehenden Auges zum vielleicht ungerechtfertigten Nachteil der anderen Seite. Wie geht es Ihnen mit diesem Moment Ihrer Arbeit?

Das ist ein Grund, warum ich mich auf die Arbeit im ökonomischen Bereich spezialisiert habe. Im Wirtschaftsleben können Sie zwar auch den kurzfristigen Vorteil für Ihren Mandanten herausverhandeln, aber das rächt sich bitter. Denn will man nachhaltig positiv wirken, muss das vermieden werden. Der kurzfristige Gewinn geht nie einher mit dem dauerhaften Vorteil. In Wirtschaftsbeziehungen geht es immer darum, den Weg der Ausgewogenheit zu finden, sonst wird man nicht erfolgreich sein. Und das bedeutet, mit dem Partner aufrichtig umzugehen, mit seinen Interessen und mit den eigenen selbstverständlich auch. Die objektive und angemessene Berücksichtigung der beiderseitigen Interessen ist der Weg zum Erfolg.

Tun Sie das bewusst, überlegen Sie, wie die Vorteile der anderen Seite zu gewährleisten sind?

Das tu ich auf jeden Fall! Ich muss Verträge im internationalen Bereich aushandeln, die langfristig wirkende Beziehungen zum Gegenstand haben und wenn da die Vorteile des Kooperationspartners nicht entsprechend berücksichtigt werden, dann kommt man nicht weit.

Es ist natürlich logisch, aber doch immer wieder auch überraschend, wie Wirtschaftsbeziehungen in einem so hohen Maße unter den gleichen Vorzeichen funktionieren wie private.

Ja, gerade hier gelten die gleichen Spielregeln. Man kann heute im rechtlichen Bereich den anderen ohne weiteres übervorteilen. Aber das ist dann eine einmalige Aktion.

Wirtschaftsbeziehungen sind in der Regel sehr langfristig und als Wechselwirkung von Leistung und Gegenleistung angelegt. Wenn schon nicht aus moralischer Überzeugung, dann schon aus purem Eigennutz darf man den Partner niemals über den Tisch ziehen, weil der dann das Bedürfnis hat, dasselbe das nächste Mal mit dir zu tun.

Sind Sie ein guter Schlichter bei Konflikten?

Ich bin kein guter Schlichter, weil ich zuwenig an den dauerhaften Erfolg von Kompromissen glaube. Es ist besser, eine Sache hart zu verhandeln und die Dinge, die man durchsetzen will, auch durchzusetzen, dann ist der Weg frei für dauerhafte klare und gute Beziehungen. Ich bin eigentlich ein absoluter Gegner von Kompromissen, weil die immer faul sind und später nur Probleme erzeugen. Da finde ich es besser, wenn eine Geschäftsbeziehung erst gar nicht stattfindet.

Sie kennen den Satz »Lieber ein Ende mit Schrecken, als ein Schrecken ohne Ende«. Tun Sie sich leicht mit dem Herbeiführen des »schrecklichen Endes«?

Hundertprozentig. Wenn Dinge nämlich zu kranken beginnen, dann kann man nur eines machen: sofort den Genesungsversuch herbeiführen und nicht nur mit halber Kraft auf eine Genesung hinwirken oder gar die Krankheit verschweigen.

Von der Kooperation zwischen Organisationen zur Zusammenarbeit über Ländergrenzen hinweg: Als Bewohner einer Region, an der Schnittstelle zum germanischen, italienischen und romanischen Kultur- und Wirtschaftsraum, müssten die Kärntner eigentlich traditionell über eine reichhaltige Erfahrung mit grenzüberschreitender Zusammenarbeit verfügen. Wie schätzen Sie hier die Kooperationsfähigkeit und das Kooperationsklima in der internationalen Zusammenarbeit ein?

Sehr hoch. Die Kärntner Bevölkerung musste sich immer wieder mit diesem Kulturkreis auseinandersetzen und hat dabei viel gelernt. Der typische Italiener ist etwa von seiner Mentalität, von seiner Einstellung her, anders als der typische Österreicher und der unterscheidet sich wiederum von südosteuropäischen Menschen. Durch diese Begegnungen entwickelte sich hier eine Beweglichkeit; die Fähigkeit, mit Menschen unterschiedlichster Prägungen zusammenzuarbeiten und zusammenzuleben.

Ich bin viel in anderen Ländern tätig und das ist mir immer sehr leicht gefallen. Ich glaube, unsere geografische Lage und die daraus resultierende Erfahrung ist eine echte Stärke dieses Landes.

Wie erleben Sie das Zusammenleben der deutschsprachigen Kärntner mit den slowenischsprachigen Landsleuten?

Hier passieren wirklich krasse Fehldarstellungen nach außen. Es gibt die Meinung, dass große Spannungen zwischen den Volksgruppen bestehen. Ich persönlich habe das nie erlebt. In unserer Familie war es schon immer selbstverständlich, dass wir die slowenische Volksgruppe in Kärnten als Bereicherung aufgefasst haben.

Als Konzipient war ich in der slowenischsprachigen Kanzlei Tischler tätig. Dort wurde am stärksten von allen Kärntner Kanzleien die Zweisprachigkeit gepflegt und Tischler wirkte auch ständig rechtsvertretend im ehemaligen Jugoslawien. Mir hat das sehr viel gegeben, weil ich dadurch immer ein völlig unbelastetes Verhältnis zur slowenischen Volksgruppe hatte. Sprachliche Vielfalt ist eine echte Bereicherung und ich bedaure es, dass ich nicht mehr Fremdsprachen kann.

Kärnten wiederum verfügt über erfolgreiche Netzwerke, in die sich Neuankömmlinge rasch einklinken können, um direkte Kontakte, lokales Know-how und Informationen zu den Ostmärkten vor Ort zu erhalten.

Wie wirkt sich die geografische Lage hier nun konkret für einen ausländischen Betrieb aus? Was hat zum Beispiel ein niederländisches Unternehmen für Vorteile, wenn es im Lakeside Park sein Basislager aufschlägt, um von hier aus den slowenischen und kroatischen Markt zu bearbeiten?

Österreich ist ein stabiles Land mit einer hochprofessionellen Infrastruktur und einer sehr unternehmensfreundlichen Steuerpolitik – das ist eine hervorragende Grundlage für einen Brückenkopf zu den so genannten »emerging markets«. Kärnten wiederum verfügt über erfolgreiche Netzwerke, in die sich Neuankömmlinge rasch einklinken können, um direkte Kontakte, lokales Know-how und Informationen zu den Ostmärkten vor Ort zu erhalten.

Dazu kommt, dass sehr viele Kärntnerinnen und Kärntner – also potenzielle Mitarbeiter – slowenisch, serbokroatisch und natürlich italienisch sprechen und nur mit guten Sprachkenntnissen kann man in diesen Ländern wirklich erfolgreich sein.

Vor allem Kärntner Banken haben sich sehr früh in diesem Wirtschaftsraum engagiert, schon zu Zeiten, als beispielsweise der EU-Beitritt Sloweniens noch in weiter Ferne lag.

Als Kroatien nach dem Zerfall des ehemaligen Jugoslawien selbstständig wurde, waren die europäischen Banken ausnahmslos nicht bereit, an diesen neuen Staat zu glauben und die Einrichtung der Botschaften zu finanzieren. Nur zwei Kärntner Institute haben sich trotz hohem Risiko bereit erklärt, diese Mittel zur Verfügung zu stellen. Das Risiko hat sich gelohnt und Kroatien wird diesen Vertrauensvorschuss mit Sicherheit nicht so schnell vergessen. Heute ist die Hypo-Alpe-Adria die dritt- oder viertgrößte Bank in Kroatien. Kein anderes österreichisches Institut konnte nur annähernd diesen Erfolg erzielen. Da sind über das Wirtschaftliche hinaus starke emotionale Bindungen entstanden. Beziehungen, die das Haus natürlich seinen Kunden zur Verfügung stellt.

Zwei Vorteile bekommt jeder Mitarbeiter eines Unternehmens, das sich bei euch ansiedelt, sofort geschenkt: die herrliche Berg- und Seenlandschaft und meistens auch noch strahlenden Sonnenschein.

Wir liegen südlich des Alpenhauptkammes und genießen deshalb fast schon ein mediterranes Klima. Manchmal treffe ich mich mit Freunden an einem Sonntagmorgen zum Laufen rund um den Ossiachersee, dann springen wir zur Abkühlung ins Wasser, danach gibt's Frühstück, ein Kirchenkonzert im Rahmen des Carinthischen Sommers und dann ein gemeinsames Mittagessen in einem Landgasthaus in der Höhe. [Der Carinthische Sommer ist ein hervorragend besetztes Festival für klassische Musik in Ossiach und Villach.] Diese Qualitäten werden gerade für Führungskräfte immer wichtiger. Wer im internationalen Bereich gearbeitet hat, weiß solche paradiesischen Möglichkeiten für seine Familie und sich zu schätzen.

Sie sind jeden Monat geschäftlich in den Vereinigten Staaten, führen eine Kanzlei und vertreten zwei der größten Stiftungen Österreichs. Haben Sie noch die Zeit, um die Kärntner Landschaft und Natur zu genießen?

Die Natur brauche ich dringend. Ich laufe regelmäßig, mache auch bei Marathonläufen mit und nach einer halben bis einer dreiviertel Stunde bin ich dann regelmäßig die Sorgen des Alltags los. Laufen entrümpelt psychisch und physisch und macht mich frei für andere Gedanken. Das hilft mir auch bei der Arbeit. Manchmal nehme ich ganz gezielt ein Problem mit auf die morgendliche Strecke und zum Großteil ist es nach dem Lauf gelöst.

Eine starke Inspirationsquelle ist für mich auch Wasser. Wasser hilft mir speziell beim Ableiten von Spannungen. Schwimmen, Sauna, Rückzug, Hinlegen und Entspannen ist sehr wichtig für mich.

Durch den Lakeside Park sind eine Reihe von Mitarbeiterinnen und Mitarbeitern mit ihren Familien nach Kärnten gezogen. Ist der Ossiachersee ein guter Tipp für jemanden, der eine Laufstrecke sucht?

Unbedingt, das ist eine feine Distanz in einer herrlichen Landschaft und außerdem gibt es in idealen Abständen Brunnen.

Was schätzen Sie persönlich besonders an Kärnten?

Ich liebe diese Nähe zu den angrenzenden Kulturkreisen: In zwei Autostunden bin ich in Venedig oder in Istrien, an der schönsten Küste Europas. Ich höre eine andere Sprache, genieße eine wundervolle Küche, trinke einen norditalienischen Wein, bin umgeben von einer mediterranen Landschaft und Lebensart und doch auch daheim.

Lojze Wieser

Ein Importeur der Erinnerung

»Ländlich, schön, provinziell, zugleich auch offen; gebeugt, voll Trotz und Unterwürfigkeit zugleich«, so charakterisiert der Kärntner Slowene Lojze Wieser sein Land. Ein Gespräch über Mehr- und Minderheiten, der Verleger als F&E-Spezialist und was sein Buchhalter dazu meint.

Lojze Wieser

Lojze Wieser ist Kärntner Slowene und Gründer des international renommierten Wieser Verlages in Klagenfurt. Slowenisch ist seine Muttersprache, deutsch Zweitsprache, daneben unterhält er sich in Kroatisch, Serbisch oder Bosnisch und versteht Bulgarisch, Tschechisch und Slowakisch.

Der Wieser Verlag ist spezialisiert auf die Übersetzung und Publikation vor allem slawischer Autorinnen und Autoren. Bis heute sind dort rund 500 Bücher aus den Kulturen Osteuropas in Deutsch und Slowenisch erschienen.

Als Experte für die Länder des südosteuropäischen Raumes arbeitete er unter anderem als Berater für den ORF und das Bundesministerium für Unterricht, Kunst und Kultur. 1994 war er aufgrund seines Engagements für die slowenischsprachige Minderheit in Kärnten und die Opfer des Balkankrieges einer der Adressaten der österreichischen Briefbombenserie.

Sein derzeit größtes Projekt ist die auf 20 Bände angelegte »Wieser Enzyklopädie des europäischen Ostens«, das dessen Sprachen, Geschichte und Literatur in einem noch nie dagewesenen kulturellen Panorama versammelt.

Noch in den achtziger Jahren war slowenische Kultur im öffentlichen Kärntner Raum gar nicht vorhanden. Es gab 1980 beispielsweise kein einziges übersetztes slowenisches Buch!

Herr Wieser, Sie sind als junger Mann von Kärnten nach Wien gegangen, nach zehn Jahren dann zurückgekehrt, um zuerst in einem Verlag die Geschäftsleitung zu übernehmen und später Ihren eigenen hier in Klagenfurt zu gründen. Sowohl für den Intellektuellen, den die geistige Infrastruktur der Großstadt bereichert, für den Angehörigen einer Minderheit, als auch für den Unternehmer Wieser war dies sicher eine unselbstverständliche und deshalb sehr bewusst getroffene Entscheidung.

Ich bin mit diesem Land, seiner Landschaft sehr verbunden, hier in Südkärnten sind meine Wurzeln und hier fühle ich mich daheim. Ich komme aus dem Dorf Tschachoritsch, slowenisch Čahorče, was wahrscheinlich etymologisch von »hinter dem Berg« kommt, eigentlich bin ich also ein Hinterbergler.

Dazu kam, dass ich damals wie heute ein politisch denkender Mensch bin und mir war bewusst, dass, wenn etwas verändert werden konnte in diesem Land, das nur über die Kultur geschehen kann. Noch in den achtziger Jahren war slowenische Kultur im öffentlichen Kärntner Raum gar nicht vorhanden. Es gab 1980 beispielsweise kein einziges übersetztes slowenisches Buch! Mir war klar, dass man die Schuld dafür nicht nur der Mehrheit, also den deutschsprachigen Kärntnern, geben darf. Es muss sich auch die Minderheit an der Nase nehmen und sich fragen, warum sie ihrem Nachbarn – jeder Kärntner ist über weite Teile in der slowenischen Kultur mit aufgewachsen, aber spricht halt die Sprache nicht mehr – warum sie ihm das Kennenlernen seiner eigenen Geschichte und Kultur vorenthält? Also habe ich angefangen slowenische Literatur übersetzen zu lassen und zu verlegen, bis heute.

Erst das Wegwischen, erst das Zutünchen dieser Widersprüche wird uns unfähig machen. Wichtig ist, dass wir Begegnungen initiieren und gemeinsam Lösungen suchen, das bringt uns in die Zukunft.

Insofern war Ihre Rückkehr nach Kärnten keine Bewegung an den Rand, sondern der Schritt ins Zentrum einer Sprachlosigkeit zwischen zwei Kulturen, wo Sie als eine Art Emissär Geschichten und damit Geschichte übersetzen und austauschen.

Das ist ein schönes Bild, das Sie da verwenden und trifft auch meine Sichtweise. Das Zentrum bestimme ich, ich brauche keine Außenbestimmung dessen, was wichtig ist.

Ich bin auch gegen jede Wehleidigkeit, was die Nachbarschaftlichkeit zwischen den Kärntner Slowenen und den deutschstämmigen Kärntnern betrifft. An diesem jahrhundertealten Schnittpunkt der Kulturen muss es Reibung, Widersprüche geben. Erst das Wegwischen, erst das Zutünchen dieser Widersprüche wird uns unfähig machen. Wichtig ist, dass wir Begegnungen initiieren und gemeinsam Lösungen suchen, das bringt uns in die Zukunft. Ich arbeite gegen das Verleugnen der Auseinandersetzungen und für die Enttabuisierung der uralten Konflikte zwischen den Volksgruppen dieses Raumes.

Andererseits ist diese Region ja auch ein Jahrhunderte altes Laboratorium für das Zusammenleben unterschiedlichster Kulturen. Eine Art Schule europäischer Wirklichkeit, in der viele auch gelernt haben, die Unterschiedlichkeit der Mentalitäten, Sprachen, Traditionen zu integrieren, davon zu profitieren und sich selbst in seinen sozialen Fähigkeiten weiterzuentwickeln.

Absolut! Viele Menschen hier haben erkannt, dass es keinen übergeordneten Kulturbegriff gibt, sondern ein Begegnen auf gleicher Augenhöhe zwischen der österreichisch-kärntnerisch geprägten Kultur, zwischen der slowenisch-österreichisch-kärntnerischen Kultur, zwischen der friulanisch-altösterreichisch-italienischen Kultur und darüber hinaus gibt es noch die Brücke zum kroatisch-, bosnisch-, makedonisch-, bulgarisch-, rumänischen Raum. Durch das Zusammenleben mit diesen Mentalitäten haben sich, abgesehen davon, dass viele hier italienisch oder slowenisch sprechen, spezifische Fähigkeiten herausgebildet.

Ein einziges Wort bei der Begegnung mit einem potenziellen Geschäftspartner in Zagreb in dessen Sprache und es öffnen sich Türen, die allein mit Geld als Schlüssel verschlossen bleiben.

Das heißt, mindestens drei bis vier Kulturen pro Staat! Das, was wir hier in Kärnten erleben, ist eine europäische Normalität, die jedoch jeder für sich als eine Besonderheit darstellt.

Man hört beispielsweise immer wieder von Fremden, die Kärntner seien so freundlich und offen. Das stimmt vielfach auch. Und weil wir das Gespräch vor dem Hintergrund des Lakeside Parks führen: Gerade bei Geschäften spielen soziale Fähigkeiten, weiche Faktoren, eine oft unterschätzte Rolle. Ein einziges Wort bei der Begegnung mit einem potenziellen Geschäftspartner in Zagreb in dessen Sprache und es öffnen sich Türen, die allein mit Geld als Schlüssel verschlossen bleiben. Die Menschen im slawischen Raum sehnen sich so danach, endlich auch anerkannt und wertgeschätzt zu werden. Ich glaube, dass viele Kärntner für solche Befindlichkeiten und Stimmungen ein Gefühl, eine besondere Sensibilität entwickelt haben.

Dieses Einfühlungsvermögen zeigt sich auch in der überraschenden Dichte an kreativer Qualität, die man hier findet. Allein die Anzahl berühmter Kärntner Schriftsteller, wie zum Beispiel Robert Musil, Ingeborg Bachmann, Florjan Lipus oder Peter Handke, ist beeindruckend.

Wo es zu Reibung kommt, entsteht Feuer. Menschen, die sich in diesem geistig kargen, kleinbäuerlichen Umfeld entwickeln müssen, sind ganz besonders herausgefordert. Die Begegnung der Kulturen andererseits ist wiederum eine Inspirationsquelle. Auch die leidvollen Erfahrungen – und die dominieren bei vielen Kärntner Slowenen – sind schöpferisch produktiv. Manche ziehen sich innerlich stark zurück, zerbrechen fast daran, bei anderen bricht aus der negativen Erfahrung der kreative Impuls. Auch die Trauer ist für einen künstlerisch begabten Menschen eine konstruktive Kraft. Trauer ist für mich so etwas wie eine Batterie, sie speist die Lebensgeister mit neuer Energie.

Die Erfahrung des Fremdseins trainiert die eigene Wachsamkeit und Sensibilität. Man findet immer wieder die Verbindung von multikulturellem Milieu und hoher künstlerischer oder geistiger Produktivität.

Die Erkenntnis, Angehöriger einer Minderheit zu sein, bedeutet, ich muss mich intensiver als andere der Wirklichkeit stellen und das bringt größere Phantasie hervor. Dieses Phänomen beschreibt eine Wirklichkeit dieses Landes, aber letztlich ist das doch die zentrale europäische Erfahrung. In Europa gibt es derzeit 48 Staaten, 21 im europäischen Osten, der Rest im Westen. In diesen 48 Staaten existieren rund 180 Kulturen. Das heißt, mindestens drei bis vier Kulturen pro Staat!

Das, was wir hier in Kärnten erleben, ist eine europäische Normalität, die jedoch jeder für sich als eine Besonderheit darstellt. Davon müssen wir wegkommen und uns ehrlich auseinandersetzen, wie mit Menschen anderer Zunge, anderer Kultur, anderen Denkens umgegangen wird. Wenn man dem Angehörigen einer Minderheit hier sagt, du musst zuerst einmal Deutsch lernen, damit wir dich anerkennen, zwingt man die von Ihnen angesprochene Sensibilität ins Innere des Menschen und erzeugt eine Beleidigung. Dann braucht man dreiviertel der Energie, dieses Beleidigtsein wieder zu heilen.

Wenn wir es schaffen, diese Vielfältigkeit endlich als das Übliche zu respektieren, dann würden ungeheure Potenziale frei werden. Aber leider sind wir ständig damit beschäftigt, abzuwerten und die geschehene Abwertung wieder auszuräumen. Das heißt, wir leben eigentlich permanent in der Vergangenheit und können unsere Kräfte kaum auf die Lösungen der Zukunft konzentrieren.

Die Idee der ethnischen Reinheit ist sowieso eine Illusion, die man in ganz Europa ja gar nicht finden kann. Durch die Ein- und Auswanderungsbewegungen der letzten 12.000 Jahre findet man kein Tal mehr in Europa, in dem sich nicht mehrere Kulturen vermengt haben.

Wenn man die Konflikte totschweigt,
tötet man auch die möglichen Beziehungen.

Die Schwierigkeit bei gesellschaftlichen Konflikten scheint im Fehlen von Institutionen zu liegen, die die Probleme thematisieren und zu einem Gespräch einladen. Gerade bei historischen Auseinandersetzungen herrscht oft jahrzehntelanges Schweigen, Verdrängung.

Wenn man die Konflikte totschweigt, tötet man auch die möglichen Beziehungen. Und die Erfahrungen der Minderheiten in Europa reichen von alltäglichen Abwertungen über Aussiedelungen, wie sie hier Kärntner Slowenen widerfuhren, bis zu Auschwitz. Mein Verlag versteht sich auch als eine Plattform des Erzählens über diese Erfahrungen und des Kennenlernens des Nachbarn. Vielleicht ein kleiner Beitrag zur Öffnung der Atmosphäre.

Mir erklärte einmal ein erfahrener Berater, der sich viel mit Auseinandersetzungen innerhalb von Organisationen beschäftigt hat: »Ein Konflikt, über den man spricht, aber sich nicht einigt, verbraucht nur halb soviel Energie, wie ein Konflikt, über den man schweigt.«

Vollkommen richtig! Man muss sich nicht einmal einig sein. Es geht nur darum, die Frage endlich einmal herauszuholen aus ihrer Giftigkeit, die wie Lava in einem Vulkan rumort und zu seelischen, tektonischen Verschiebungen führt, weil sie einfach nicht zur Kenntnis genommen wird.

Das Lied der Sehnsucht richtet uns wieder auf.

Kärnten ist bekannt für sein wunderbares Liedgut, das vor allem aus fünfstimmigen und in seiner Gestimmtheit tief melancholischen Gesängen besteht und das einen Teil seiner Wurzeln in der slawischen Kultur hat. Hat diese Schwermut etwas mit der historischen Erfahrung dieses Raums zu tun?

Dieser Raum war immer ein sehr ausgesetzter, die Türkenkriege waren eine einschneidende Erfahrung und bis in die Gegenwart fanden hier ständig Territorialkämpfe statt. Hier läuft eine kulturelle Bruchlinie Europas durch und dies schlägt sich im Bewusstsein seiner Bewohner natürlich nieder.

Die Form der Gesänge ist aber vor allem durch die Geografie bestimmt, durch das Echo. Das Echo der Berge ist das Vorbild für die Vieltönigkeit, für diese versetzten Harmonien. Dieses Phänomen findet man bei Völkern, die im Flachland leben, kaum.

Ich habe diese Gesangskultur selbst noch stark in mir. Wenn ich traurig bin, eine Niederlage erlitten habe, dann ziehe ich mich in mich selbst zurück und es kommen diese uralten Melodien der Kindheit herauf, die zwar nach außen vielleicht bedrückend klingen, aber unglaublich beruhigend sind. Diese Lieder führen zu einem archaischen Vibrieren der Körper, ähnlich wie bei gemeinsamen Gebeten, man findet das auch beim Om in der buddhistischen Tradition. Das Lied der Sehnsucht richtet uns wieder auf.

Ich glaube, die guten Leute in diesem Bereich, egal ob aus Technik oder Kultur, haben den Mut, 90 Prozent ihrer Bemühungen in den Wind zu schreiben, um aus den verbliebenen zehn Prozent eine reiche Ernte zu beziehen.

Von den Rahmenbedingungen dieser Region zu Ihrem Beruf: Verleger sind in ihrer Tätigkeit verwandt mit Führungskräften im Bereich technologischer Forschung und Entwicklung. Beide regen »Erfindungen« an, noch nicht Geschaffenes, aber in der Phantasie bereits Lebendiges. Der Verleger initiiert damit bei einem Autor ein Buch, der Leiter einer F&E-Abteilung bei seinen Entwicklern ein neues Produkt. Was macht Ihrer Erfahrung nach einen professionellen Geburtshelfer künstlerischer oder technischer Leistungen aus?

Intuition, Hinhören, Begeisterung, Freude auch Nichtgesichertes in Angriff zu nehmen, die Lust, Risiko zu tragen. Ich glaube, die guten Leute in diesem Bereich, egal ob aus Technik oder Kultur, haben den Mut, 90 Prozent ihrer Bemühungen in den Wind zu schreiben, um aus den verbliebenen zehn Prozent eine reiche Ernte zu beziehen. Ich glaube, es geht um Großherzigkeit. Man muss großzügig Inspiration vergeuden. Man darf kein Kioskbesitzer sein, kein Erbsenzähler! Wenn man nicht die Bereitschaft hat, mit vollen Händen auszuschütten und erst schaut, wo beginnt etwas zu wachsen, wo ist der Boden fruchtbar, wo blüht plötzlich was in einer Erde, die dafür eigentlich gar nicht geeignet ist, dann wird man keine Spitzenleistung erbringen. Man darf nicht von vornherein wissen, was herauskommt, denn man kann von vornherein nicht wissen, was raus kommt! Sonst bewegt man sich ja leider, leider, innerhalb der Grenzen der eigenen Vorstellung. Die Innovation, das Neue, kommt aber von der anderen Seite des Zauns.

Ich will Kooperationspartner haben und selber einer sein, der mutig die Verantwortung für das Projekt mit übernimmt und im Guten etwas beenden kann, was nicht funktioniert hat, oder auch dankbar die Früchte genießt, wenn's erfolgreich gelaufen ist.

Kooperationen spielen in Ihrem Geschäft eine wichtige Rolle, sei es mit anderen Verlagen, Medienpartnern, Autoren und Herausgebern. Was sind für Sie wichtige Haltungen, Spielregeln bei solchen projektgebundenen Partnerschaften?

Wichtig ist aus meiner Sicht, dass sich beide Seiten des Risikos bewusst sind und ohne Illusionen ja zu einem Wagnis sagen, das gelingen oder scheitern kann. Es geht um diese Aufrichtigkeit: Ich will mit diesem Partner etwas Neues wagen, wir springen ins kalte Wasser und wissen nicht, ob es uns tragen oder in den Abgrund ziehen wird. Und wenn es uns dann zu verschlucken droht, dann kann ich mit dieser Einstellung nicht dem anderen einen Vorwurf machen, sondern trage meinen Teil der Verantwortung. Ich will Kooperationspartner haben und selber einer sein, der mutig die Verantwortung für das Projekt mit übernimmt und im Guten etwas beenden kann, was nicht funktioniert hat, oder auch dankbar die Früchte genießt, wenn's erfolgreich gelaufen ist.

Wie entstehen bei Ihnen Ideen? Spüren Sie plötzlich den Kuss der Muse, oder entwickeln Sie langsam aber stetig in einem eher bildhauerischen Prozess die Gestalt der Idee aus dem unbehauenen Stein heraus?

Ich gehe schwanger mit Ideen und über die Zeit reichern sie sich mehr und mehr an, bis ich dann geistig so voll bin, dass ich die Arbeit in einer Art Entleerungsprozess in die Welt bringen muss. Das geht tatsächlich so lange, bis ich die Belastung nicht mehr aushalte, manche Ideen blockieren meine innere Festplatte so, dass ich nichts anderes mehr darauf speichern kann und dann muss alles raus und weg.

Eine andere, ganz banale Erklärung ist, dass mich Termine, Vereinbarungen einfach zwingen, kreativ zu sein. Ich muss am soundsovielten einen Vortrag halten, also schreibe ich ihn, Inspiration hin oder her. Vor kurzem rief mich meine Mutter an, erzählte mir, ein Onkel wird 80 und sie wollen ein Gedenkbuch für ihn machen. Bis morgen. Da gibt's nur Ja oder Nein. Ja, sagte ich.

Wie arbeiten Sie als Verleger, Auftraggeber Ihrer »Entwickler«, Ihrer Autoren? Sind Sie eher sehr klar im Vorgeben von Zielen, das heißt, wenn Verkaufszahlen mehrmals nicht erreicht werden, beenden Sie die Zusammenarbeit, oder arbeiten Sie sehr langfristig mit einem einmal ausgewählten Schriftsteller zusammen?

Diese Frage sollten Sie meinem Buchhalter stellen und er wird Sie Ihnen so beantworten: »Er ist ein Verrückter«! Ich glaube, dass das Gute durchgesetzt werden muss und sich nicht von alleine durchsetzt.

Kärnten,

Aus dem Band »Kärnten« der Reihe »Europa Erlesen«, Wieser Verlag, Klagenfurt | Celovec, 1998

das Land, von dem Paolo Santonino, der Sekretär des Patriarchen von Aquileia, im späten Mittelalter zu berichten wusste, dass die Frauen hier schöner sind als die Männer, und dem 350 Jahre später der slowenische Dichterfürst France Prešeren ergänzend entgegenhielt, dass die gemeinen Korošice, wie die Kärtnerinnen auf slowenisch heißen, zwar *hübsch* seien wie die Frauen in Ljubljana, *aber sehr unreinlich.*

Kärnten, das Land, in dem Walter von der Vogelweide längere Zeit verbringt, Eichendorff nach blühenden Pomeranzen fragt, Christoph Rilke zur Nacht durch Täler reitet, von wo aus Paracelsus die Goldgräber der Nockberge in die Welt trägt und diese dann wiederum von dort Eingang in Goethes Faust II gefunden haben sollen.

Kärnten, das Land, im dem ein Wolf Coserep wegen Aufdeckung von Korruption im 16. Jahrhundert kurzerhand hinter Gitter gebracht wird, eine Eva Faschaunerin wegen angeblicher Vergiftung ihres Gatten gerichtet wird, um Zucht und Ordnung aufrecht zu erhalten, in Eisenkappel Visitation gehalten wird, ein Anton Erdforter aus dem Gefängnis flüchten muss, hin und her gejagt, weil er Wiedertäufer ist. Es ist die Zeit, wo sich im Lindwurmsumpf, aus dem allmählich die Landeshauptstadt erwächst, zahllose Kulturen treffen, sich hier ansiedeln, miteinander leben und dem Land von früh her ihren Stempel geben.

Kärnten, das Land des *Durchzugs,* wie man die Anwesenheit der schönen Margarete Maultasch im Lande bezeichnen kann, ohne dass sie jemals hier gewesen ist, das Land der *Ängste und des Stolzes,* das man anhand einer Ingeborg Bachmann und ihrer Ablehnung zu Lebzeiten und ihrer Heimholung nach dem Heimgang nicht besser studieren kann, das Land *des Aufschreis und der Begeisterung,* oft auch für Falsches, wie es Csokor in den dreißiger Jahren sah oder Humbert Fink Ende der fünfziger. Und ein *Land der Abgrenzung.* Trotz besserem Wissen. Oft. Indem es leichtfertig zuließ, aber auch veranlasste, es nicht zu unterbinden, dass Größen des Geistes dahinzogen, hinausgeekelt, scheel beäugt einfach nicht mehr zurückkamen, und indem es großzügig über Jahrzehnte hinwegschaute über kulturelle Reichtümer, die auf der Straße lagen, ja selbst Teil des eigenen Lebens waren und sind, nur nicht zur Kenntnis genommen wurden und konnten – oder durften? –, weil, ja weil diese Reichtümer eine andere Tönung hatten, eine andere Sprachmelodie. Ein Land doch, das immer wieder, spät, aber doch, sich besinnt auf die Ganzheit ungeteilter menschlicher Werte. Frei und ungeteilt.

Kärnten, ein Land, das immer bemüht war, in all den Jahrhunderten beengende Grenzen zu sprengen und in all den Jahrhunderten neue Geister hervorbrachte, die die Kraft der Sprache nutzten gegen diese Enge, sich den Mut nicht nehmen ließen, trotz alledem, die wussten, dass man Europa auch von hier aus einmal finden kann, wie die Kindheit im Klang des Wortes und die Eigenheit des Phantasiebildes. Und somit ein Land wie jedes andere. Ländlich, schön, provinziell, zugleich auch offen; gebeugt, voll Trotz und Unterwürfigkeit zugleich. Vielleicht etwas mehr durchzogen von strategischen Bruchlinien, sowohl geologischer wie politischer Natur, aber kaum anders als in vielen Teilen Europas, so man sich die Mühe macht, genauer hinzuschauen.

Lojze Wieser

Maria Mack

Die Luft im Reifen

Ein selbstverständliches Element,
Dienst und Leistung
für erfolgreiche Entwicklungsarbeit im Haus,
so beschreibt die Standortleiterin
des Lakeside Parks die Arbeit ihres Teams.

Maria Mack

Nach ihrer Mitarbeit beim Aufbau des 1990|91 errichteten Technologieparks Klagenfurt arbeitete sie als Assistentin des Vorstands im KWF | Kärntner Wirtschaftsförderungs Fonds und der BABEG | Kärntner Betriebsansiedlungs- und Beteiligungsgesellschaft m.b.H., die den Park konzipierte und errichtete.

Ihrem Team kommt eine Schlüsselrolle im Rahmen dieser Kooperationsplattform zu. Sie ist nicht nur die zentrale Ansprechpartnerin bei allen gebäudespezifischen Fragen seiner Bewohner, vor allem bietet sie eine Reihe von unselbstverständlichen Serviceleistungen an, über die sie in diesem Gespräch berichtet.

Ihre zentrale Aufgabe definiert Maria Mack so:
Eine unaufdringliche Drehscheibe für Synergieeffekte zwischen Unternehmen, Universität und dem Kärntner Umfeld.

Die strategisch gezielte »Zusammenstellung der Nachbarschaft«, ein hervorragendes Setting für Kooperation im Bereich F & E anzubieten, das ist der Kern dieses Parks.

Es herrscht im Lakeside Park grundsätzlich eher eine Perspektive der Chancen, der Machbarkeit und Zuversicht, als eine Orientierung auf den Mangel.

Was ist für Sie die Besonderheit des Lakeside Science & Technology Parks?

Die direkte Nachbarschaft von Universitätsinstituten und Unternehmen unter einem Dach. Und zwar von Unternehmen, die sich im Bereich der Forschung und Entwicklung (F & E) mit denselben Themen beschäftigen, sich dabei in ihren Schwerpunkten ergänzen und Universitätsinstituten, die sich auf wissenschaftlicher Seite mit verwandten Fragen beschäftigen.

Unsere Konzeption war von Beginn an darauf konzentriert, diese Synergieeffekte hier zu versammeln und nicht eine tolle Immobilie an einem schönen Standort zu vermieten. Ich denke, das unterscheidet uns von manch ähnlichen Projekten. Die strategisch gezielte »Zusammenstellung der Nachbarschaft«, ein hervorragendes Setting für Kooperation im Bereich F & E anzubieten, das ist der Kern dieses Parks.

Aufgrund ihrer jahrhundertealten Geschichte liegen europäische Universitäten vielfach mitten in den Städten. Da die Universität Klagenfurt relativ jung ist und damals außerhalb der Stadt erbaut wurde, hatte der Park das Glück, auf einem großen Grundstück direkt neben den Instituten errichtet zu werden. Eine seltene Chance.

Ja, das ist eine ziemlich einzigartige Situation, denn wir sehen damit die Möglichkeit, hier im Dreiländereck Österreich, Italien, Slowenien einen Campus zu errichten, wie man ihn vor allem von angelsächsischen Universitäten kennt. Da herrscht eine ganz andere Stimmung, die Grenzen zwischen Arbeiten und Leben verschwimmen. Dort ist Studieren kein Hingehen, Absitzen und Heimgehen, da wird am Abend weiterentwickelt; auf dem Rasen davor, in den Cafés oder in der Buchhandlung läuft das Studium, die Debatte und der Austausch weiter – in diesen Grenzbereichen ist Kreativität lebendig. Man erlebt dort auch ein Bewusstsein von Community, eine eigene Identität, die etwas mit Geborgenheit, Wohlfühlen zu tun hat.

Jetzt passiert das noch nicht, denn die Klagenfurter Uni hat rund 7.000 Studierende, wovon der wesentliche Teil aus Kärnten kommt und abends nachhause fährt. Der Lakeside Park soll neben den Unternehmen aber auch ausländische Studenten nach Klagenfurt ziehen und durch unsere Infrastruktur ist jetzt auch abends mehr los am Gelände.

Für die Unternehmen des Lakeside Parks bietet diese »Wohngemeinschaft«, abgesehen vom fachlichen Potenzial, sicher auch eine bereichernde, heitere Atmosphäre.

Studierende vermitteln eine Aufbruchstimmung, ein positives Klima, das in die Zukunft gerichtet ist. Ich empfinde es als Geschenk, mitten unter diesen jungen Leuten arbeiten zu dürfen. Das inspiriert, es herrscht hier grundsätzlich eher eine Perspektive der Chancen, der Machbarkeit und Zuversicht, als eine Orientierung auf den Mangel. Eigenschaften, die auch erfolgreiche Unternehmen besitzen.

Umgekehrt begegnen die Studierenden Betrieben, die im Wettbewerb stehen und sehr professionell, zielorientiert vorgehen. Wenn sich diese zwei Kulturen in gemeinsamen Projekten verbinden, ist das spannend für beide.

Die Wirtschaftsstruktur von Kärnten ist geprägt von kleinen und mittelständischen Gewerbebetrieben. Ist das Ziel des Lakeside Parks, eher ausländische, größere High-Tech-Unternehmen hier anzusiedeln und damit Arbeitsplätze zu importieren, oder geht es mehr um den Aufbau von F&E-Know-how für die ansässigen Unternehmen?

Wir praktizieren eine Parallelstrategie, weil nur die Anwesenheit beider Strukturen für alle den besten Nutzen bietet. Der Park braucht Einheiten von großen Unternehmen, weil diese Zugang zum globalen Markt haben und ein bestehendes Know-how sowie Bedarf in der Kooperation mit Universitäten. Das sind ideale Partner für unsere Wirtschaftsinformatik oder auch für die IFF, die sich mit interdisziplinärer Forschung beschäftigt. [Fakultät für interdisziplinäre Forschung und Fortbildung, siehe das Gespräch mit Peter Heintel.] Die kleineren Kärntner Unternehmen wiederum finden hier vielleicht erstmals einen Zugang zu F&E-Kooperationen mit der Universität und durch die eventuelle Zusammenarbeit mit Großbetrieben die Möglichkeit, sich zu internationalisieren.

Sind Großbetriebe an der Zusammenarbeit mit regionalen Kleinbetrieben überhaupt interessiert? Sehr oft nehme ich Konzernstrukturen als immer noch ziemlich verschlossen wahr. Wenn das fehlende Know-how nicht im eigenen Unternehmen aufgebaut werden kann, sucht man Kooperationen doch eher auf der gleichen Ebene.

Da ist derzeit vieles im Fluss. INFINEON mit seinem Standort hier in Villach ist ein gutes Gegenbeispiel, die pflegen eine Reihe von Kooperationen mit Gewerbebetrieben in der Region. Bedingung ist, dass der Kleinbetrieb Leistungen anbietet, die den internationalen Qualitätsansprüchen für deren Zulieferbetriebe standhalten. Aber die Offenheit zur Zusammenarbeit ist da.

Eine Herausforderung gerade für regional tätige Technologiebetriebe ist jedoch der Wettbewerb um Mitarbeiter. Denn die globalen Player sind für viele vermeintlich sicherere und interessantere Arbeitgeber, vor allem durch ihre internationalen Arbeitsplätze und konzerneigenen Ausbildungsmöglichkeiten. Deshalb ist es wichtig, dass die Universität zunehmend auch für ausländische Studenten attraktiv wird, damit alle ausreichend Zugang zu qualifizierten Arbeitskräften finden. Der Schlüssel dazu ist die Konzentration auf eine zukunftsorientierte Nische, in der man international zu den Besten gehören kann. Ich glaube, für gewisse Institute an Universitäten im ländlichen Raum ist eine Ausrichtung in Richtung Elite der richtige Weg, um nicht von den Großuniversitäten der Metropolen ausgehungert zu werden.

Als ehemalige Mitarbeiterin des KWF, der sich seit Jahren mit Kooperationsprojekten zwischen Universität und Wirtschaft beschäftigt, haben Sie bereits eine Reihe von Erfahrungen mit der Begegnung dieser zwei Kulturen gemacht. Wie fit erleben Sie die Universität für die Zusammenarbeit mit Wirtschaftsbetrieben?

Es gibt tatsächlich unterschiedliche Geschwindigkeiten bei Arbeitsabläufen und Entscheidungsmechanismen. Die Universität bemüht sich allerdings sehr, Projekte gut abzuwickeln und sich organisatorisch auf die Anforderungen in Kooperationen einzustellen. Der Lakeside Park ist eine außergewöhnliche Chance für den Universitätsstandort Kärnten, denn wir konnten dadurch neue Professuren etablieren, bestärken die Profilierung im Bereich Informationstechnologie und errichten einen Campus, den es so zumindest im deutschsprachigen Raum kaum gibt. Die Verantwortlichen der Universität haben erkannt, dass sie ihren immer noch zentralen Lehrauftrag mit Forschungskooperationen ergänzen können und damit den Standort auch finanziell breiter absichern.

Der Campus am Wörthersee ist übrigens auch eine ideale Voraussetzung für Veranstaltungen während der Sommermonate, eine weitere Ergänzung und Attraktion.

Es geht um den Aufbau einer Beziehung und dieser Prozess ist, wie wir alle wissen, nur beschränkt beschleunigbar.

Ordentliche Immobilien gibt's überall, von uns hier wird Leben und Bewegung erwartet, die sich in erfolgreichen Produktentwicklungen niederschlägt.

Welche Rahmenbedingungen braucht es Ihrer Erfahrung nach, damit solche Partnerschaften erfolgreich sind?

Entscheidend ist, dass in der Anfangsphase die beiderseitigen Erwartungshaltungen an Zielsetzung, Ablauf und Timing sorgfältig abgeklärt werden. Ich denke, mit einem gemeinsam vereinbarten Pflichtenheft, regelmäßigen Zwischenberichten und einer kommunikativen Projektbegleitung sind die Chancen für erfolgreiche gemeinsame Entwicklungsarbeit sehr gut. Uni-Kooperationen sind ein Investment. Wie in jeder Partnerschaft braucht auch diese ihre Zeit, sich zu finden. Es geht um den Aufbau einer Beziehung und dieser Prozess ist, wie wir alle wissen, nur beschränkt beschleunigbar.

Was waren, aus den bisher gewonnenen Erfahrungen mit den bestehenden Teilnehmern, die entscheidenden Kriterien für Großunternehmen, in den Lakeside Park einzuziehen?

Neben den bereits genannten Erwartungen in Sachen F&E-Kooperation spielen diverse Faktoren eine Rolle. Wir haben hier in Kärnten mit HTL [Technikgymnasium] und Fachhochschule ein gutes einschlägiges Ausbildungsniveau. Es ist bekannt, dass unsere Leute hier sehr loyale Mitarbeiter sind, die einem Arbeitgeber lange treu bleiben.

Dazu kommt die günstige geografische Lage: noch im deutschsprachigen Raum, aber direkt vor dem Tor zu den Märkten Südosteuropas.

Für manchen mag die Lebensqualität der Region das Zünglein an der Waage sein. Letztlich ist entscheidend, ob wir vom Lakeside Park-Management das Vertrauen erhalten, unser Konzept konsequent umzusetzen und die Mieter engagiert zu betreuen.

Selbst bei der Begegnung mit Führungskräften großer Konzerne haben immer wieder persönliche Sympathie, Glaubwürdigkeit und Handschlagsqualität die entscheidende Rolle gespielt.

Unsere Mietpreise sind marktkonform, keinesfalls ein Schnäppchen, und wir haben niemandem Rabatte oder Nachlässe gegeben. Das war uns wichtig, um gegenüber unseren Mietern für Klarheit zu sorgen. Selbst strategisch ideale Unternehmen, die wie Puzzlesteine hierher passen, haben wir nie über finanzielle Argumente akquiriert. Ordentliche Immobilien gibt's überall, von uns hier wird Leben und Bewegung erwartet, die sich in erfolgreichen Produktentwicklungen niederschlägt.

Vor Ihrer Tätigkeit im KWF waren Sie am Aufbau des Technologieparks in Klagenfurt beteiligt, der damals als Supportzentrum für Jungunternehmer entwickelt wurde. Welche Erfahrungen aus dieser Tätigkeit sind Ihnen für Ihre Arbeit im Lakeside Park besonders wichtig?

Die Idee dieses Parks lag darin, frisch gegründeten Unternehmen fünf Jahre lang eine Herberge zu geben, dann sollten sie wieder ausziehen und sich in der Umgebung ansiedeln oder selbst bauen.

Das damalige Konzept sah eine sehr aktive Rolle des Parkmanagements bei der Betreuung der Mieter vor. Unsere Hilfestellung für diese neu gegründeten Mikrounternehmen ging soweit, dass wir im Verkauf halfen, bei Problemen die Geschäftsführung berieten, Managementaufgaben mitübernahmen. Die Idee war, ein Gebäude anzubieten, in dem Jungunternehmer auf alle Kompetenzen, die man in der Startphase braucht, zurückgreifen können. Das war in manchen Fällen hilf- und erfolgreich, immer wieder aber war dieses Angebot zu wenig spezifisch, zu wenig nachfrageorientiert.

Meine zentrale Erfahrung für den Lakeside Park ist, dass es wenig Sinn hat, im Vorfeld ein Bündel an fixfertig designten Serviceleistungen anzubieten, als vielmehr dem einzelnen Mieter genau zuzuhören und maßgeschneiderte Problemlösungen zu entwickeln.

Alles, was Unternehmen regelmäßig verpflichtet, ist mit Vorsicht zu genießen.

Die Gefahr besteht wahrscheinlich darin, aus eigener Sichtweise Hilfestellungen anzubieten, ohne die spezifische Unternehmenskultur und Befindlichkeit der Klienten zu kennen. Ich kann mir vorstellen, das wird von den Mietern dann eher als Zwangsbeglückung empfunden, die man mit der Miete auch noch mitzahlt.

Genau, und dazu kommt noch, dass das eigene Team sich enttäuscht zurückzieht, weil es auf seine gut gemeinten Vorschläge und Hilfsangebote Zurückweisung erfährt. Mein Konzept ist eher, die Luft im Reifen zu sein, als der Reifen selbst – spürbar, aber flexibel. Fixe Angebote, wie zum Beispiel eine Hotelkooperation, die unseren Mietern für die Unterbringung ihrer Gäste einen guten Preis anbietet, sind was Tolles. Man kann darauf zurückgreifen, wenn man es braucht oder auch nicht. Alles, was Unternehmen regelmäßig verpflichtet, ist mit Vorsicht zu genießen.

Wo sehen Sie Ihre persönlichen Qualitäten für Ihre Arbeit als Standortleiterin?

Durch meine Arbeit im KWF verfüge ich über einen systematischen Überblick über die Wirtschaft in Kärnten, kenne Strukturen, Förderungsmöglichkeiten, Behörden, Ansprechpartner, auch der einschlägigen Bundesstellen in Wien. Außerdem macht es mir Freude, zu unterstützen, Kontakte herzustellen und durchaus auch für das einfache, aber wichtige Alltägliche zu sorgen .

Die Aufgabe Ihres Teams ist zweigeteilt; einmal geht es um die Betreuung der parkübergreifenden Einrichtungen wie beispielsweise Konferenzsäle und Besprechungsräume, also Hausmeistertätigkeit und technische Betreuung, andererseits sind Sie auch in einer Art »Gastgeberrolle«, in der etwa Mieter als potenzielle Partner einander vorgestellt werden, oder?

Es gibt ein Facility-Managment, das sich um alle Belange des Gebäudes kümmert. Darüber hinaus bieten wir zum Beispiel Hilfestellungen für Arbeitskräfte, die sich mit ihren Familien neu in Kärnten niederlassen, bei Wohnungssuche, Behördengängen, Autoanmeldungen, wir informieren über Schulen, Kindergärten etcetera.

Es gibt zum Beispiel Unternehmen mit einem hohen Anteil an fremdsprachigen Mitarbeiterinnen und Mitarbeitern, die für deren Angehörige Veranstaltungen anbieten, um die Anfangsphase, in der man noch wenig Kontakte und Freundschaften hat, etwas abzufedern. So etwas bieten wir auf Nachfrage gerne an, wie auch Events, um den Kontakt zwischen Uni und Neuankömmlingen zu unterstützen. Diese Begegnungsmöglichkeiten werden wir sicher aktiv anbieten. Mir ist aber wichtig, einen individuellen Kontakt mit den Mietern zu pflegen, um möglichst persönlich und einfach zu helfen, dort wo wir gebraucht werden.

Ein zentraler Punkt im Vorfeld ist, dass sich Ihr Team inhaltlich mit den Unternehmen und den Fakultäten auseinandersetzt, um mögliche Kooperationspartner miteinander bekannt zu machen. Ihre Leute sind wahrscheinlich die einzigen, die alle Bewohner einigermaßen kennen werden.

Das war unser Selbstverständnis von Anfang an: Die inhaltlichen Schwerpunkte und allgemeinen strategischen Absichten so zu verstehen, damit wir ein Gefühl für Synergieeffekte entwickeln und im Interesse der Mieter mitdenken. Im besten Fall sind wir eine unaufdringliche Drehscheibe für produktive Begegnung – geschäftlich, aber auch kollegial-privat .

Ein Highlight ist die Gartengestaltung und Pavillons mit Internetanschluss, um auch im Freien zu arbeiten. Und etwas momentan noch Besonderes ist unser Kindergarten, den wir gemeinsam mit der Uni anbieten.

Wie unterstützt die Architektur, die räumliche Konzeption, das Konzept der Kooperation und Begegnung?

Das Gebäude ist Ergebnis eines Wettbewerbs, in dem der Spirit des Konzepts sorgfältig vermittelt wurde. Uns war ein unprätentiöser Zugang wichtig, im Formalen Bescheidenheit, Angemessenheit und gleichzeitig eine hohe Funktionalität. Die Räume dienen der Arbeit und dem Austausch, abseits von repräsentativen Elementen.

Die wichtigsten Materialien sind Holz und Glas, die Häuser verfügen aufgrund ihrer kompakten Bauweise über hohen thermischen Komfort. Innen gibt es unterschiedliche Bezüge, Begegnungsmöglichkeiten, Verbindungen, viel Transparenz im öffentlichen Raum und Rückzugsmöglichkeiten im unternehmensinternen. Durch die Anordnung der Gebäude entstehen Plätze und Kommunikationsflächen. Der Lakeside Park funktioniert wie eine kleine Stadt in der Stadt.

Welche »öffentlichen« Räume und Plätze gibt es in dieser Stadt, die informelle Kommunikation, zufällige Begegnungen und Fluss zwischen Konzentration und Entspannung, streng Geschäftlichem und Privatem verwirklichen?

Der Lakeside Park beherbergt einen Kunstraum, der von professionellen Kuratoren für zeitgenössische Kunst betreut wird, ein Restaurant-Café, wie schon angesprochen Seminarräume, oder auch Nischen mit Küchen, die als Kommunikationsecken dienen. Ein Highlight ist die Gartengestaltung und Pavillons mit Internetanschluss, um auch im Freien zu arbeiten. Und etwas momentan noch Besonderes ist unser Kindergarten, den wir gemeinsam mit der Uni anbieten. Das ist für mich ein geglücktes Beispiel, wie man die Barrieren zwischen Privat- und Berufsleben offener gestalten kann und damit für alle Beteiligten mehr Lebensqualität gewinnt.

Monika Kircher-Kohl

Der Riese im Park

Im Lakeside Park wird INFINEON
mit einem F & E-Team des Bereichs
»IT-Operations and Services«
zu den größten Mietern gehören.
Ein Gespräch mit der Vorstandssprecherin
der INFINEON TECHNOLOGIES AUSTRIA AG,
Monika Kircher-Kohl.

Monika Kircher-Kohl

Ihre biografischen Daten sprechen für sich: Wirtschaftsstudium in Wien und Mexico City, Geschäftsführerin der Österreichischen Informationsdienste für Entwicklungshilfe (ÖIE) in Kärnten, Vizebürgermeisterin der Stadt Villach für Finanzen, Wirtschaft, Personal, Kultur, Schule, Jugend und Frauen.

Mag. Monika Kircher-Kohl ist seit 2001 Vorstandssprecherin und Finanzvorstand der INFINEON TECHNOLOGIES AUSTRIA AG. Das Unternehmen gehört zu den innovativsten Konzernen der internationalen Halbleiterindustrie. Seine Produkte finden Anwendung in der mobilen und drahtgebundenen Kommunikation, im Computer-, Sicherheits- und Chipkartenbereich sowie in der Automobil- und Industrieelektronik.

In Österreich sind derzeit rund 2.700 Mitarbeiterinnen und Mitarbeiter beschäftigt.

> Meine Stärken sind, dass ich grundsätzlich andere Menschen schätze, mich durch starke Mitarbeiter nie bedroht fühle.

Frau Kircher-Kohl, Sie haben einen außergewöhnlichen beruflichen Werdegang hinter sich: Von der Entwicklungspolitik zur Stadtpolitik und dann ins Top-Management eines global agierenden High-Tech-Konzerns. Hat diese Geschichte und die seltene Tatsache, als Frau ein Technologieunternehmen zu leiten, Auswirkungen auf Ihren Führungsstil?

Eine Führungsposition anzustreben, bedeutet für mich immer, etwas verändern, gestalten zu wollen und nicht einen gewissen Status zu erlangen. Das ist mir wichtig. Ich glaube, dass Frauen durch ihre Sozialisierung einen etwas breiteren Zugang zu manchen Themen haben. Dass INFINEON mir, einer ursprünglich branchenfremden Frau, eine Führungsposition angeboten hat, ist natürlich schon einmal ein Zeichen für eine sehr offene Kultur. Das heißt auch, dass mein Stil und meine Qualitäten hier gesucht und erwünscht sind.

Wo sehen Sie Ihre Stärken als Führungskraft?

Meine Stärken sind, dass ich grundsätzlich andere Menschen schätze, mich durch starke Mitarbeiter nie bedroht fühle, sondern im Gegenteil stolz bin, solche Leute im Team zu haben. Ich engagiere mich gerne und bewusst im Bereich der Nachwuchspflege oder Mitarbeiterentwicklung.

Als neugieriger Mensch habe ich rund alle acht Jahre mein Berufsfeld verändert und glaube, dass es einer Führungskraft gut tut, wenn sie offen bleiben und immer noch Neues aufnehmen kann. Außerdem habe ich bewiesen, dass ich sehr belastbar bin, in einem harten Job und einer sehr schnellen Branche, wo übermorgen viele Dinge anders sind wie heute.

Meine Erfahrung mit Frauen in Führungspositionen ist, dass sie sich oft durch eine eiserne Disziplin auszeichnen. Das schlampige Genie begegnet einem nie, dafür Konzentration, exzellente Vorbereitung, Kompetenz, oft auch Verhandlungsgeschick und Teamfähigkeit. Erleben Sie die Anforderungen dieser Position an Sie und Ihre Identität als Frau widersprüchlich?

Da gibt's zwei Punkte zu unterscheiden: Im zwischenmenschlichen Bereich habe ich den Anspruch, wenn einer meiner Leute ein Problem hat, auch bei 2.700 Mitarbeiterinnen und Mitarbeitern, persönlich ansprechbar zu sein. Ich kann bei unserer Größe natürlich nicht mehr alle kennen, aber wenn der Hut brennt, möchte ich da sein.

Wenn es aber um die finanziellen Interessen des Unternehmens geht, ist eine gewisse Toughheit notwendig. Die habe ich auch. Ich bin niemals kompromisslos, aber hartnäckig und stur im Verfolgen von Zielen. Diese Mischung ist wichtig: hart zu sein in der Sache mit Fairness im Sinne von guten Resultaten. Und immer ein menschlicher Ansprechpartner für Mitarbeiterwünsche. Zum Beispiel, wenn es um eine Auszeit für jemanden in einer schwierigen privaten Situation geht oder um ähnliche besondere Anliegen. Es gibt natürlich Frauen in Führungspositionen, die glauben, sich beweisen zu müssen als bessere Männer, aber ich sehe immer mehr weibliche Managerinnen, die den Mut haben, zu ihrer Persönlichkeit als Frau zu stehen und keinen Widerspruch darin erblicken, einen Führungsanspruch zu erheben und gleichzeitig Frau zu bleiben. Ich zähle mich zu den letzteren.

Unsere Erfahrung ist, dass die besten Lösungen immer öfter nicht von Einzelpersonen kommen, sondern von interdisziplinären Teams, von Leuten, die mit unterschiedlichem fachlichen Hintergrund, oft aus verschiedenen Ländern, kooperieren.

Gerade im Bereich der Informationstechnologie, in der Lösungen längst so komplex geworden sind, dass der einzelne Experte, die einzelne Expertin Produkte und Prozesse nicht mehr vollkommen durchschauen kann, ist die Fähigkeit von Teams entscheidend. Ist Ihrer Einschätzung nach diese Kompetenz bei den meisten Mitarbeiterinnen und Mitarbeitern mehr oder weniger natürlich vorhanden?

Wir haben ein Bildungssystem, das zum Teil falsche Werte fördert, Werte, die in einer modernen Industriegesellschaft völlig kontraproduktiv sind. Zum Beispiel, wenn es im Schulsystem darum geht, dass man einzeln eine Note ergattert und dafür bestraft wird, dass man den Nachbarn abschreiben beziehungsweise mitlesen lässt. In unserem Unternehmen ist es genau umgekehrt: Wir fördern best-practice-sharing, also das Teilen von Wissen und Fertigkeiten und »bestrafen« Mitarbeiter, die andere an ihren Erfolgen nicht teilhaben lassen. Sonst wären wir heute nicht da, wo wir sind. Wir könnten uns im Hochlohnland Österreich am Standort Villach die Produktion gar nicht mehr leisten, wenn wir diesen Nachteil nicht immer wieder durch Innovationskraft wettmachen würden. Es gibt viele Beispiele, wie in unserem Bildungssystem unseren Kindern falsche Haltungen vermittelt werden, die wir dann in der Wirtschaft mühsam wieder ändern müssen.

Wir praktizieren bei INFINEON zum Beispiel ein sehr ausgeklügeltes Prämiensystem, bei dem Mitarbeiterinnen und Mitarbeiter für ihre Verbesserungsvorschläge und Ideen entlohnt werden. Unsere Erfahrung ist, dass die besten Lösungen immer öfter nicht von Einzelpersonen kommen, sondern von interdisziplinären Teams, von Leuten, die mit unterschiedlichem fachlichen Hintergrund, oft aus verschiedenen Ländern, kooperieren.

Was macht nach Ihrer Erfahrung ein hervorragendes Team aus und welche Rahmenbedingungen sind notwenig, damit die Zusammenarbeit in einer Gruppe erfolgreich ist?

Das Ziel des Teams muss sehr ehrgeizig sein, seine Mitglieder müssen uneingeschränkt daran glauben, sonst sind sie nicht bereit, das Letzte zu geben, um es zu erreichen und sie müssen offen und fair genug sein, damit jeder seinen Stärken gemäß eingesetzt ist. Ein Team braucht – und davon bin ich heute felsenfest überzeugt – unterschiedliche Persönlichkeitsbilder, unterschiedliche Stärken, die abgedeckt sein müssen, weil kein Einzelner alle Fähigkeiten haben kann. Wichtig ist auch, dass nicht von vornherein Rollenmuster angenommen werden, sondern flexibel zu erkennen, wo ich den anderen unterstützen kann.

Unterschiedliche Persönlichkeitsbilder im Team sind natürlich eine Qualität, weil sie das Blickfeld umfassender erschließen, andererseits sind sie auch eine Belastung; das Andere nervt immer auch mehr wie das Ähnliche, Verwandte. Halten Sie persönlich die Andersartigkeit Ihrer Teammitglieder gut aus?

Ja, über weite Strecken sehr gut. Ich schätze es, wenn Kolleginnen und Kollegen sehr unterschiedlich sind und ich versuche auch davon zu profitieren. Natürlich gibt's da auch Grenzen, aber mit Persönlichkeitsbildern meinte ich nicht so sehr das Temperament oder die Mentalität eines Menschen, sondern welche Funktionen Personen in der Gruppe wahrnehmen.

Zum Beispiel: Es braucht jemanden, der im Team immer wieder auf die Zielerreichung schaut, dann wieder andere, die darauf achten, dass kein Spieler verloren geht, zwei die bereit sind, zu riskieren, einer, der warnt, und zum Schluss jemanden, der das Resultat – auch wenn es nicht sensationell ist – verkaufen kann. Das hat mit fachlichen Fähigkeiten noch gar nichts zu tun, ist aber für den Erfolg eines Teams und für die Zufriedenheit seiner Mitglieder entscheidend. Wenn diese Rollen stimmig besetzt sind, dann entsteht ein Team, das Spitzenleistungen erbringen kann.

Ich glaube, dass die Schulbildung generell hier in Österreich gut ist, das heißt, ein technisch orientiertes Unternehmen findet hier zum Beispiel bessere Fachkräfte als etwa in Deutschland.

Wichtig ist, realistisch zu erkennen, wo man selber steht. Es ist auch interessant, dass die eigene Position immer wieder von Team zu Team wechselt. Manchmal habe ich in der einen Gruppe die Rolle des Motors und in anderer Zusammensetzung bin ich dann wieder die Moderatorin, die auf die Ausgewogenheit zwischen den Leuten achtet.

Von der Kooperation im Team zur Zusammenarbeit mit externen Organisationen. INFINEON *kooperiert intensiv mit Universitäten und Fachhochschulen. Allein hier in Kärnten bietet Ihr Unternehmen bis zu 400 Ferialstellen für Schüler und Studenten an.*

Darüber hinaus offerieren wir eine Reihe von Plätzen für Praxissemester, die in verschiedene Studiengänge integriert sind und das Unternehmen betreut zurzeit gemeinsam mit österreichischen Universitäten um die 20 Diplomarbeiten und Dissertationen. Wir nehmen unsere Verantwortung in der akademischen Zusammenarbeit wahr, investieren einiges, bekommen dafür aber auch sehr viel zurück.

Ein tolles, unkonventionelles Beispiel ist ein Unternehmen von zwei Universitätsprofessoren in Linz, an dem wir zu 50 Prozent beteiligt sind und das mittlerweile schon über 70 Mitarbeiterinnen und Mitarbeiter beschäftigt. Das heißt, wir sind sehr offen für jede Form der Kooperation, wenn sie beiden Seiten nützt.

Wo sehen Sie in der Kooperation zwischen Bildungsinstitutionen und Unternehmen derzeit die größten Herausforderungen?

Ein Bereich, der sich aus meiner Sicht noch verbessern muss, ist die Lehrerfortbildung. Mir geht's da vor allem um die Vorbildwirkung der Unterrichtenden. Lebenslanges Lernen ist heute zu der Versicherung gegen Arbeitsplatzverlust geworden und es ist hochproblematisch, wenn der Lehrer einer IT-HTL [Technisches Fachgymnasium in Österreich] vor fünf Jahren dort zu unterrichten begonnen hat und sich in dieser Zeit über die Entwicklungen in seinem Fachgebiet nicht auf dem Laufenden gehalten hat. Ich könnte mir zum Beispiel vorstellen, dass es auch für Lehrer regelmäßige, verpflichtende Praxiseinheiten gibt und dass umgekehrt Praktiker vermehrt zum Beispiel Workshops in Schulen abhalten.

Der Lakeside Park versteht sich als Plattform für Kooperationen zwischen spezialisierten, sich ergänzenden Unternehmen im IT-Bereich. Welche Rahmenbedingungen findet eine Forschungs- und Entwicklungseinheit heute vor, die sich entschließt, nach Kärnten zu kommen?

Wir sind nicht Silicon Valley, aber unsere Netzwerke wachsen sukzessive. Ich glaube, dass die Schulbildung generell hier in Österreich gut ist, das heißt, ein technisch orientiertes Unternehmen findet hier zum Beispiel bessere Fachkräfte als etwa in Deutschland. Die Verbindung von Informatik und Wirtschaft an der Uni Klagenfurt ist eine zukunftsorientierte Strategie, zumal der Trend immer mehr in die Entwicklung von Gesamtlösungen geht. Dazu braucht es die Verbindung von technischem, ökonomischem und sozialem Know-how. Die Fakultät für interdisziplinäre Forschung und Fortbildung (IFF) gehört zu den Pionieren in diesem Bereich.

In den letzten Jahren entstand auch eine Reihe von guten Zulieferbetrieben im Gewerbebereich, zum Beispiel gibt es einen Spezialisten für Reinraumtechnik, der über die Grenzen hinaus tätig ist.

> Allerdings höre ich immer wieder von ausländischen Mitarbeiterinnen und Mitarbeitern im Haus, dass die Lebensqualität Kärntens zwar nicht der Grund war, warum sie hergekommen sind, aber jener, der sie veranlasste, zu bleiben.

Was fehlt, ist allerdings die Möglichkeit, vom Kindergarten bis zum Gymnasium in Englisch unterrichtet zu werden. Für viele Top-Führungskräfte aus den USA oder Südostasien ist dies ein entscheidendes Kriterium, dass sie mit ihren Familien herziehen.

Ein echtes Plus für Kärnten ist das Thema der Bürokratie. In den letzten Jahren gab es enorme Anstrengungen der Gemeinden, unternehmensfreundlicher, das heißt schneller und flexibler, zu werden. Ein aktuelles Beispiel haben wir gerade hier in Villach erlebt, das wir für Werbezwecke innerhalb des Konzerns gut verwenden können:

Wir bauen ein neues Gebäude für 270 Forschungsarbeitsplätze hier am Standort. Gestern Vormittag war die Bauverhandlung und nachdem wir die Anrainer vorinformiert hatten und es keinen Einspruch gab, war um 20 Uhr abends, also noch am gleichen Tag, der Baubescheid im Haus! Das ist Wirtschaftsfreundlichkeit, wie man sie sich nur wünschen kann. Und wenn man weiß, wie mühsam andernorts manche Projekte sind, wie sie an Kleinigkeiten bei der Behörde hängen können, dann kann sich ein Land oder eine Gemeinde mit engagiertem Service einen hervorragenden Ruf erarbeiten.

Welchen Stellenwert hat bei Standortentscheidungen aus Ihrer Sicht die geografische Lage? Spielen Lebensqualität und landschaftliche Schönheit bei betriebswirtschaftlichen Überlegungen eine Rolle?

Ich glaube nicht, entscheidend sind die strategischen Chancen, die das Management für das Unternehmen beziehungsweise die Führungskraft für die eigene Karriere sieht. Der Lakeside Park als Gebäude oder der Wörthersee spielen dafür keine Rolle. Ausschlaggebend ist die Fokussierung auf ein Erfolg versprechendes Thema. Die Erwartungen, durch den Kontakt zu Uni und Partnerunternehmen einen F&E-Vorsprung herauszuholen, neue erfolgreiche Produkte zu entwickeln. Allerdings höre ich immer wieder von ausländischen Mitarbeiterinnen und Mitarbeitern im Haus, dass die Lebensqualität Kärntens zwar nicht der Grund war, warum sie hergekommen sind, aber jener, der sie veranlasste, zu bleiben. Und das ist viel wert.

Der INFINEON-Geschäftsbereich »Automotive Industrials« hat vor kurzem den Sitz von München nach Villach verlegt. Sie verfügen deshalb gerade über jüngste Erfahrungen bei der Betreuung von Mitarbeitern, die mit ihren Familien nach Kärnten gekommen sind. Was ist diesbezüglich besonders zu beachten?

Die Erkenntnis, dass die Familie des Mitarbeiters wichtig ist! Wir bieten diesbezüglich eine Reihe von Serviceleistungen an, wie zum Beispiel klare Informationen zu Themen wie Steuer- und Pensionssystem, Schule für die Kinder, aber auch Hilfe bei der Wohnungssuche oder Details wie der Autoanmeldung. Die Arbeitssuche für den Lebenspartner ist in Kärnten sicher schwieriger als in einer Großstadt, das ist eines der Handicaps, die wir bei Betriebsansiedelungen zu bewältigen haben.

Was die Ausbildungsmöglichkeiten für die Kinder betrifft, denke ich, wenn wir das Thema »Internationale Schule« lösen können, dann bietet Österreich insgesamt ein sehr gutes System. Der Zukunftsforscher Matthias Horx zog beispielsweise nach Wien, weil die schulischen Möglichkeiten für sein Kind hier besser sind als in Deutschland. Es gibt Leute, die sehr gut informiert sind und sich aufgrund des Bildungsangebots ganz bewusst für Österreich entscheiden.

Wenn Sie zum Beispiel vergleichen, wieviele Veranstaltungen jemand in einer Kulturmetropole wie Frankfurt besucht im Gegensatz zu hier, dann schneidet Kärnten besser ab.

Welche Rolle spielt das kulturelle Angebot der Region?

Dieses Thema ist absolut nicht zu unterschätzen! Wenn Sie zum Beispiel vergleichen, wieviele Veranstaltungen jemand in einer Kulturmetropole wie Frankfurt besucht im Gegensatz zu hier, dann schneidet Kärnten besser ab. Die Wege sind kurz, man bekommt trotz hoher Auslastung im Stadttheater Klagenfurt noch Karten, es gibt ein phantastisches kulturelles Angebot auch im Sommer und die Dichte und Qualität der Ereignisse ist für eine ländliche Region enorm. Wichtig ist auch hier wieder das Thema Sprache; fremdsprachige Filme oder Theaterstücke wären toll, wenn wir vermehrt ausländische Firmen ansiedeln wollen. Prinzipiell ist unser Kulturangebot aber ein hervorragendes.

Sie selbst sind Kärntnerin. Wie zugänglich schätzen Sie denn Ihre Landsleute ein, wie schwierig oder einfach ist es für jemanden, hier Kontakte zu knüpfen, Freunde zu finden?

Das lässt sich nicht generalisieren, aber ich glaube, dass es sehr leicht ist, Kärntnerinnen und Kärntner kennenzulernen, ins Gespräch zu kommen, Bekannte zu finden. Unsere Mentalität ist sehr kontaktfreudig, offen, herzlich. Allerdings eine tiefe Freundschaft zu schließen, ist nicht einfach, da in diesem kleinen Land alle sehr eingebunden sind in Cliquen und großfamiliäre Strukturen und es fehlt vielen an der Erfahrung, selbst einmal im Ausland fremd gewesen zu sein. Wenn jemand das erlebt hat, geht er auch hier mit Fremden anders um.

Was lieben Sie an Kärnten?

Wenn ich morgens zur Arbeit fahre, dann denke ich manchmal daran, wie andere Menschen jeden Tag eine Stunde lang durch düstere Gegenden zu ihrem Arbeitsplatz pendeln und ich habe vor meinen Augen die herrlichen Seen, die Berge, am Wochenende die Skipisten. Und wie schnell man trotzdem in den Zentren ist wie zum Beispiel Wien, München oder auch Venedig, das möchte ich alles nicht missen.

Verraten Sie uns Ihren Lieblingsplatz in Kärnten?

Ja, da habe ich einen tollen Tipp für jemanden, der neu in Kärnten ist: Eine »Karibikinsel«, erreichbar noch am gleichen Tag. Im Faakersee gibt es eine wunderschöne Insel mit Hotel und einem historischen Holzbadehaus. Auch als Tages-Badegast wird man vom hauseigenen Boot inklusive Gepäck übersetzt.

Inselhotel Faakersee
Telefon (+43-4254) 2145
info@inselhotel.at
www.inselhotel.at

infineon

Peter Heintel

Warum Philosophen wissen,
wie man einen Gartengrill verkauft
und warum das erste Zweiliter-Auto
deutsche Briefträger blamierte.
Ein Gespräch mit Peter Heintel,
einer der Experten für interdisziplinäre Teamarbeit
im deutschsprachigen Raum,
kulturwissenschaftlicher Botschafter zwischen F & E.

Der Universaldilettant als Unternehmensberater

Peter Heintel

Univ.-Prof. Dr. Peter Heintel ist Senatsvorsitzender der Universität Klagenfurt. Er lehrt am Institut für Philosophie und Gruppendynamik sowie an der Fakultät für interdisziplinäre Forschung und Fortbildung (IFF).

In seiner Laufbahn verbinden sich zwei Felder, die sich bisher üblicherweise auf unterschiedlichen Planeten wähnten: Philosophie und Wirtschaft – die Ergänzung betrieblicher Forschung und Entwicklung mit philosophischen, psychologischen oder historischen Kompetenzen.

Professor Heintel ist ein Pionier der Unternehmensberatung aus kulturwissenschaftlicher Perspektive und beschäftigt sich in Theorie und Praxis mit interdisziplinärer Zusammenarbeit, Projekt- und Konfliktmanagement. Neben seiner Arbeit in der universitären Forschung und Lehre berät er seit vielen Jahren Institutionen und Unternehmen in Organisationsfragen.

Unsere Auffassung auf dem Institut war immer die, dass die wichtigen gesellschaftlichen Probleme gar nicht mehr einer einzelnen Wissenschaft überlassen werden dürfen, ohne die Sorgfaltspflicht zu verletzen!

Dieser soziale Prozess bringt Ergebnisse, die man niemals erwartet hätte, die man niemals durch das spätere Zusammenbauen der Einzelteile erreicht hätte.

Herr Professor Heintel, bei welchen betriebswirtschaftlichen Fragestellungen würden Sie dem Geschäftsführer eines Softwareentwicklungsunternehmens raten, einen Philosophen zu konsultieren?

In unserer Abteilung startet gerade ein Projekt, das sich mit der Auswirkung elektronischer Kommunikation auf die Organisationskultur von Unternehmen beschäftigt. Die Auseinandersetzung mit philosophischen oder psychologischen Fragestellungen ist gerade für Softwareentwickler wichtig. Dadurch erhalten sie eine gezielte, brauchbare Außensicht und zwar bevor das Produkt entwickelt ist. Im Rahmen von Interventionsforschungsprojekten bieten wir einem Entwickler zunächst einmal Basisuntersuchungen an: Wie kommt was an, was ist für den Kunden überhaupt erfassbar, wo wird es Schwierigkeiten geben? Und auch: Was heißt es, Zielgruppen ständig mit neuer Software zu versorgen – um es positiv zu formulieren – und dabei zu bemerken, dass die Innovationszyklen zu heftig aufeinander folgen, um noch wirklich sinnvoll verarbeitet werden zu können, was in der Folge zusätzliche Verkomplizierungen und Schulungen auslöst. Die gewonnene technische Effizienz geht durch Organisationsaufwand schlussendlich wieder verloren.

Philosophie als die Weisheit, das erfolgreichere Produkt zu kreieren?

Naja, die Philosophie bemüht sich im Sinne eines Universaldilettantismus als einzige der Wissenschaften, eine Systemzusammenschau zu gewinnen. Unser Ansatz ist problembezogen immer interdisziplinär. Das ist den anderen Wissenschaften verloren gegangen, die sehr spezifisch, einzelproblemorientiert arbeiten und einen Gesamtzusammenhang nicht mehr wirklich herstellen können.

Sie haben sich in Ihrer wissenschaftlichen Arbeit intensiv mit diesem Thema auseinandergesetzt. Was unterscheidet interdisziplinär arbeitende Teams vom historischen und vielfach noch heute praktizierten Modell der Experten, die ihre jeweiligen Spezialaufgaben lösen und diese Teillösungen hinterher zu einem Ganzen zusammenfügen?

Das Problem ist, dass es manchmal niemanden mehr gibt, der die einzelnen Spezialgebiete noch akkumulieren kann, also alle Teile versteht! Interdisziplinarität bedeutet, dass man verschiedenste Wissenschaften um ein spezifisches Problem herum versammelt, die dann miteinander ein Gespräch beginnen. Dabei stellen sie zunächst einmal fest, was für verschiedene Perspektiven und Fachsprachen es gibt und es beginnt dann erst einmal die Findung, die Einigung auf die gemeinsame Aufgabe. Dieser soziale Prozess bringt Ergebnisse, die man niemals erwartet hätte, die man niemals durch das spätere Zusammenbauen der Einzelteile erreicht hätte.

Unsere Auffassung auf dem Institut war immer die, dass die wichtigen gesellschaftlichen Probleme – zum Beispiel die Schnittstelle zwischen Computer und Mensch – gar nicht mehr einer einzelnen Wissenschaft überlassen werden dürfen, ohne die Sorgfaltspflicht zu verletzen!

Die genannten Gebiete Verkehrstechnik, Medizin und Infrastruktur müssen sich in Verbindung setzen. Aber das ist zu wenig!

Als Philosoph, sage ich, müssen wir zuerst einmal erforschen, was denn Menschen, die in der Weise technologisch miteinander vernetzt sind, davon halten!

Eigentlich ist es doch überraschend, dass überhaupt noch anders gearbeitet wird. Der von Ihnen geschilderte Prozess scheint doch schneller, fehlerresistenter, innovationsfähiger zu sein, also letztlich wirtschaftlicher.

Sie glauben nicht, welche Barrieren zwischen Abteilungen und Bereichen allein schon in Unternehmen aufgestellt sind. Vor kurzem gab ich in einem Finanzdienstleistungsunternehmen ein Seminar zum Thema »Leiten von Projektgruppen« und stieß dabei auf einen Konflikt zwischen IT-Leuten und Kundenbetreuern. Erstaunlicherweise brauchten die schon fast Vermittlungspersonen, welche von beiden Seiten genug verstehen, um übersetzen zu können. Die emotionelle Basis war so gestört, dass an ein Weiterarbeiten nicht zu denken war. Das hat mich dann veranlasst, die einmal aufeinander zu hetzen, um die gesamte Vorwurfsstruktur auf den Tisch zu legen. Erst dann waren wir arbeitsfähig. Also selbst in einem einzelnen Unternehmen gibt's sehr unterschiedliche Kulturen und Logiken und da braucht es ein ganz neues Verständnis, neue Vermittlungsformen, ein intersektorielles Know-how.

Die Komplexität der Vernetzung nimmt aufgrund des technischen Fortschritts rasant zu. Im Lakeside Park wird es unter anderem um die Entwicklung von verkehrstelematischen Lösungen gehen, also etwa der Kommunikation zwischen einem Herzschrittmacher, einem Krankenwagen und einem Ampelsystem, um bei einem Autounfall beispielsweise den heraneilenden Arzt mit Informationen zu versorgen und die Zufahrt zu beschleunigen. Das heißt, die Fähigkeit zur Zusammenarbeit ist doch bereits die Voraussetzung, um solche Lösungen überhaupt realisieren zu können.

Ja, aber es geht noch um viel mehr. Wir unterscheiden zwischen zwei Ebenen: Die erste ist eine funktionale Interdisziplinarität, da fällt Ihr Beispiel hinein. Die von Ihnen genannten Gebiete Verkehrstechnik, Medizin und Infrastruktur müssen sich in Verbindung setzen. Aber das ist zu wenig!

Als Philosoph, sage ich, müssen wir zuerst einmal erforschen, was denn Menschen, die in der Weise technologisch miteinander vernetzt sind, davon halten! Da geht es um individuelle Freiheit, um Lebensqualität, um Macht und Ohnmacht, um soziale Kontrolle. Denn wenn wir in solch komplexe Systeme eingebunden sind, zwingen die uns auch, nach ihren Regeln zu spielen. Diese Systeme erlauben uns vielleicht gewisse persönliche Vorlieben gar nicht mehr. Bei allen technologischen Entwicklungen sollten wir also über die funktionale Lösung hinaus die emotionellen Voraussetzungen und Umgebungszusammenhänge anschauen, um nicht etwas zu produzieren, das niemand will und wo man dann vielleicht sogar noch gesetzlichen Druck ausüben muss, um ein Ziel zu erreichen. Interdisziplinarität heißt für mich, zu den technischen, philosophische, psychologische, gesellschaftspolitische Sichtweisen mit hereinzuholen.

Experten neigen zur Universalisierung ihres Standpunkts. Banal gesagt: Jeder glaubt, er hat Recht.

Ein Historiker oder ein Anthropologe erklärt Ihnen in fünf Minuten, dass der Gartengrill was mit Jagd und Jagdbanden und Lagerfeuer zu tun hat, also zutiefst mit männlicher Geschichte und Identität verbunden ist.

Wenn Kulturwissenschaftler und Techniker sich treffen, begegnen sich sehr unterschiedliche geistig-soziale Mentalitäten. Wie funktionieren denn Ihrer Erfahrung nach interdisziplinär zusammengesetzte Teams mit den Machern aus den Unternehmen und Geisteswissenschaftlern in der Praxis?

Zunächst einmal schlecht. Experten neigen zur Universalisierung ihres Standpunkts. Banal gesagt: Jeder glaubt, er hat Recht. Bei einer interdisziplinären Teamentwicklung kommt es also mindestens so sehr darauf an, aus der Vogelperspektive diesen Prozess zu reflektieren, wie in den Sachthemen zusammenzuarbeiten. Dazu braucht es ein Vermittlungs-Know-how, wie man Konsens erzielt, was es für eine soziale Architektur braucht, damit diese Gruppe erfolgreich arbeiten kann.

Eine Moderation, die sich um den Prozess der Zusammenarbeit kümmert, und Methoden der Vermittlung anbietet.

Unbedingt, das kann aber auch jemand sein, der fachlich mitarbeitet, nur muss er oder sie dann wissen, dass sie, er eine Doppelrolle innehat. Oft wird dann diesen Leuten von der Gruppe unterstellt, dass sie sich einen Vorteil für ihr Spezialgebiet verschaffen wollen. Das muss man im Vorfeld ansprechen und klären. Das Problem ist, dass wir in den Wissenschaften dieses Know-how noch nicht lernen.

Neben der Prozessbegleitung ist ein weiterer wichtiger Bereich die sehr sorgfältige Aufbereitung der Aufgabenstellung, die Beschreibung des tatsächlichen Problems, das mit der Entwicklung gelöst werden soll. Vor allem Techniker neigen dazu, schnurstracks auf eine Lösung hinzuarbeiten, ohne dass die Aufgabenstellung, der Kundennutzen und das Kundenverhalten intensiv geprüft werden. Deswegen sind die angesprochenen Geistes- und Sozialwissenschaftler im Team so wichtig.

Ich erzähl Ihnen ein lustiges Beispiel: Als der Gartengrill Anfang der siebziger Jahre eingeführt wurde, war der ein Flop und kein Mensch wusste, warum. Wir natürlich auch nicht und haben also angefangen, im Rahmen einer beauftragten Untersuchung intensiv zu recherchieren. Und wenn ich Sie nun in Umkehrung des Interviews fragen darf: Was glauben Sie ist herausgekommen?

???

Da kommt niemand drauf. Stellen Sie sich vor, man hat bei der Einführung des Gartengrills das falsche Klientel beworben, nämlich Frauen. Die Produktmanager meinten damals: Kochen – Frauen. Völlig daneben! Der Gartengrill ist eine reine Männerdomäne. Ein Historiker oder ein Anthropologe erklärt Ihnen in fünf Minuten, dass der Gartengrill was mit Jagd und Jagdbanden und Lagerfeuer zu tun hat, also zutiefst mit männlicher Geschichte und Identität verbunden ist.

Der Vorteil der Philosophen ist schlicht der, dass wir durch 2.000 Jahre Denktradition einen sehr kritischen Blick entwickelt haben und eine Lösung sorgfältig hinterfragen.

Ein anderes Beispiel für fehlendes interdisziplinäres Know-how ist die Einführung des Magermotors, ein zweieinhalb Liter Diesel, der bereits Mitte der siebziger Jahre erfunden, aber nie eingeführt wurde. Der Grund dafür lag nicht nur in der Erholung nach der Energiekrise, sondern auch im Scheitern einer Testserie in Hannover bei der Post.

Wir sind den Hintergründen dafür in einer groß angelegten Studie für VW unter dem Titel »Was ist ein Auto?« unter anderem nachgegangen. Dieses Fahrzeug hatte die Eigenschaft, dass es sich, sobald man vom Gas geht, also zum Beispiel an einer Ampel, sofort abgeschaltet hat. Was ja klug, weil sehr kraftstoffsparend ist. Wenn man aber weiß, dass Menschen Maschinen biomorphisieren, das heißt sie wie Lebewesen betrachten, dann hätte diese Technik vielleicht anders ausgeschaut. Wir sagen zum Beispiel das Auto frisst viel, stirbt ab, stottert – das sind alles Vergleiche aus der Biologie. Der Motor einer Maschine wird dabei als Herz wahrgenommen und wenn das Herz nicht schlägt, werde ich nervös.

STEREO

Das Wort Einfall sagt schon alles, der Ein-Fall ist nicht wirklich organisierbar. Deswegen glaube ich, dass Orte, die eine informelle Qualität der Begegnung bieten, ideal für Erfindungen und Kooperationen sind.

Man glaubt, Kooperation ergibt sich von selbst, wenn man sich nur halbwegs sympathisch ist. Das ist vollkommen falsch.

Und die Postler in Hannover sind auch alle nervös geworden, weil das Auto die ganze Zeit »abgestorben« ist und außerdem dachten sie, die anderen Verkehrsteilnehmer glauben alle, der kann nicht Auto fahren, weil ihm immer der Motor »abstirbt«. An das hat man bei der Einführung dieser Technik überhaupt nicht gedacht!

Wenn in Entwicklungsprozessen die Integration sehr unterschiedlicher Zugänge notwendig ist, scheint die unmittelbare, persönliche Zusammenarbeit auf der Hand zu liegen. Der Lakeside Park geht von der Überzeugung aus, dass trotz Email und Videokonferenz die Kooperation unter einem Dach insgesamt erfolgreicher ist. Auch im High-Tech-Bereich, in dem Datenübertragungen, digitale Visualisierungen und Internet-Kommunikation zum Alltäglichsten gehört. Welchen Stellenwert geben Sie heute noch dem gemeinsamen Gebäude als Arbeitsplatz?

Vielleicht kann eine zukünftige Generation zunehmend auf die persönliche Begegnung verzichten. Aber Räume sind für uns Menschen zentral. Bei Umzügen innerhalb von Unternehmen entstehen oft die härtesten Territorialkämpfe. Der eigene Raum ist ein existenzielles Thema unserer Natur.

Wir haben die Wirksamkeit von Videokonferenzen untersucht und die Ergebnisse zeigen, selbst wenn es nur um reinen Informationsaustausch geht, ist es trotzdem wichtig, dass solche Teams sich regelmäßig treffen. Denn wir kommunizieren mit Gestik, Mimik, Gerüchen, Berührungen ... – darauf kann man nicht vollkommen verzichten!

Bei gemeinsamer Forschungs- und Entwicklungsarbeit kommt aber noch etwas dazu: Ideen entstehen sehr oft nicht im offiziellen Bereich, sondern zwischendurch, zum Beispiel, wenn man auf einen Kaffee geht. Das Wort Einfall sagt schon alles, der Ein-Fall ist nicht wirklich organisierbar. Deswegen glaube ich, dass Orte, die eine informelle Qualität der Begegnung bieten, ideal für Erfindungen und Kooperationen sind.

Kooperationen sind ja an sich schon eine Herausforderung, da sie sich zwischen Unternehmen immer im Spannungsfeld zwischen Konkurrenz und Vertrauen abspielen. Und wenn es um die Zusammenarbeit mit universitären Einrichtungen geht, dann kommen auch noch große Kulturunterschiede dazu.

Und sehr oft wird diesen unterschiedlichen Zugängen viel zu wenig Gewicht beigemessen. Für erfolgreiche Kooperationen ist es ganz wichtig, die Unterschiedlichkeit des Partners zu respektieren und zu verstehen.

Was mir oft auffällt, ist, dass Zusammenarbeit viel zu wenig gezielt betreut wird. Kooperation klingt so schön, aber was immer unterschätzt wird, ist ihr Aufwand, der zeitliche, der organisatorische, der Verbindlichkeitsaufwand.

Man glaubt, Kooperation ergibt sich von selbst, wenn man sich nur halbwegs sympathisch ist. Das ist vollkommen falsch. Wenn es nicht um Befehl und Gehorsam geht, sondern um die Zusammenarbeit zwischen Gleichberechtigten, dann muss sie organisatorisch, institutionell abgesichert werden, sonst funktioniert's nicht. Natürlich nicht aus bösem Willen. Aber das fängt schon an mit dem Thema Zeit: wer hat Termine für die Zusammenarbeit?

Es geht um viele Kleinigkeiten, die gezielt gemanagt werden müssen, und das wird anfänglich nicht gesehen, daran zerbrechen dann vielversprechende Projekte.

Ist nicht das Grundproblem, dass viele Führungskräfte gar nicht wissen, was für bereichernde und interessierte Gesprächspartner die Universität zu bieten hätte? Und umgekehrt kommen doch Kulturwissenschaftler kaum auf die Idee, ihre Kompetenzen einem Unternehmen zugänglich zu machen.

Das stimmt, ideal wären deshalb zwanglose Treffen, bei denen Unternehmen über ihre Projekte berichten und Philosophen, Psychologen oder Historiker einladen und fragen »was haltet ihr von diesem Problem, was fällt euch dazu ein«? Dabei entstehen oft die besten Ideen. Man muss solche Treffen aber bewusst organisieren. In diesem Fall geschieht Kooperation eher nicht von selbst, da die Kluft zwischen den Kulturwissenschaftlern und der Wirtschaft noch groß ist. Der Lakeside Park ist dafür eine ideale Plattform.

Wie schätzen Sie das Bewusstsein in den Unternehmen für solche Kooperationen ein? Ich habe den Eindruck, dass langsam auf beiden Seiten die Neugier wächst.

Da bin ich leider pessimistisch. Momentan ist kein guter Zeitpunkt für solche Kooperationen, denn die Shareholder-Value-Verrücktheit zwingt ja die Unternehmen, alle Vierteljahre in der Bilanz auszuweisen, was sie mit ihrer Zeit gemacht haben. Und wenn da mit Spinnereien an der Uni angefangen wurde, muss man sich das leisten können. Nach dem Motto »wer Visionen hat, gehört zum Arzt«.

Rein vom Thema her kenne ich sehr viele Unternehmer, die sich wünschen würden, von klugen Leuten umgeben zu sein, die gute Fragen stellen. Unternehmen sind ja auch – ohne, dass sie es wissen – interdisziplinäre Veranstaltungen. Die haben sehr viel Kompetenz in der Integration unterschiedlicher Sichtweisen, denn sie müssen ja auch Buchhalter, Entwickler, Verkäufer oder Personalentwickler unter einen Hut bringen, das sind ganz unterschiedliche Logiken. Aber es gibt derzeit soviel Druck und Zeitnot, dass sich nur die allerbesten Leute auf jene neuen Felder begeben können, die vielleicht keinen ganz kurzfristigen Gewinn versprechen.

Wie schätzen Sie als »Cross-over-Profi« und zugezogener Wiener, der nun schon lange hier lebt, Kärnten als Boden für Kooperationen dieser Art ein?

Grundsätzlich glaube ich, dass die Idee der Provinz in wirtschaftlicher Hinsicht obsolet ist. Momentan sehe ich besonders in Kärnten, Oberösterreich und Vorarlberg Aktivitäten und Entwicklungen, die über ein erstaunliches Niveau verfügen – diesbezüglich hat sich der Gegensatz von ländlichem Raum und Urbanität aufgelöst.

In Kärnten fällt vor allem die künstlerische Qualität auf, es gibt unzählige hervorragende Maler, Schriftsteller oder Musiker hier. Das deutet auf eine differenzierte emotionelle Sensibilität hin und die ist eine interessante Basis für Partnerschaften neuer Art.

Es ist auch immer wieder erstaunlich, wie viele Kärntner erfolgreiche Unternehmer im Ausland sind. Das könnte allerdings auch darauf hindeuten, dass die Begabten das Land schleunigst verlassen. (lacht) Ich glaube, dass dieser interkulturelle Raum ein historisches Lernfeld für Begegnungen mit dem Anderen, für eine geistige Beweglichkeit war, die vielen jetzt zugute kommt. Natürlich erzeugt dieser Kontakt mit fremden Kulturen auf engstem Raum auch immer wieder Abschottungstendenzen, die sind genauso real.

Was lieben Sie persönlich an diesem Land?

Ich liebe die Ruhe hier und die hohe Lebensqualität. Ich wohne wunderbar, habe eine Almhütte, auf die ich mich zum Arbeiten zurückziehen kann und genieße als jemand, der viel unterwegs ist, die Rückzugsmöglichkeiten hier.

Sie sind bekannt dafür, dass Sie in Ihrer Beratungsarbeit immer wieder auch sehr unorthodoxe Methoden anwenden. Was fällt Ihnen zum Thema gegenseitiges Verständnis in interdisziplinären Teams ein?

Jeder soll einmal ein paar Sekunden lang so gehen, wie es ihm geht. Damit hilft er sich selbst und den anderen, seine Befindlichkeit zu kommunizieren.

Sissy Sonnleitner

Kärnten, Küche, Köche, Kinder, Kooperation – ein Menü in fünf Gängen

High Touch statt High Tech.
Ein Gespräch mit Sissy Sonnleitner,
Küchenkaiserin.

Sissy Sonnleitner

Sissy Sonnleitner gehört seit vielen Jahren zu den bekanntesten und erfolgreichsten Köchinnen Österreichs. Als Tochter einer Wirtsfamilie übernahm sie gemeinsam mit ihrem Mann in den siebziger Jahren den elterlichen Betrieb. Wider Willen, wie sie erzählt, da keines der älteren Geschwister sich dazu bereit erklärt hatte.

Nach Begegnungen mit Spitzenköchen aus der Schweiz, Deutschland und Österreich beginnt sie, den Gasthof Kellerwand in ein Restaurant mit englischem Flair, Garten und – in eigenen Worten – »ordentlicher Küche« umzugestalten.

1990 wurde sie zum »Österreichischen Koch des Jahres« gewählt, 2002 vom Magazin »Der Feinschmecker« unter die zwölf besten Köchinnen Österreichs gereiht. In der österreichischen Ausgabe des »Gault Millau« wird ihre Küche derzeit mit zwei Hauben bewertet und unter anderem so beschrieben: »Natürlich findet man hier noch immer die wunderbare Allianz von Friaul und Österreich, diese mit Bioprodukten aus der Umgebung zelebrierte Variante eines ›mare e monte‹ kärntnerischer Prägung.« (Gault Millau 2004)

Die zwei wichtigsten Dinge im Leben des Menschen sind die Liebe und das Essen. Die Küche ist deshalb eine präzise Sprache, die von einem Land und seinen Menschen erzählt.

Frau Sonnleitner, Sie sind bekannt geworden, weil Sie in Ihrer Küche konsequent die regionale Tradition aufgenommen und weiterentwickelt haben. Wie würden Sie das kulinarische Erbe Kärntens charakterisieren?

Einfach, bodenständig, sehr bäuerlich geprägt, aber mit slawischen, deutschen und italienischen Einflüssen. Ich habe einmal mit einem norditalienischen Freund über unsere Kochtraditionen diskutiert und die Übereinstimmungen waren verblüffend. Das ging soweit, dass deren Aufarbeitung eines Schweins eigentlich identisch ist mit unserer. Die Italiener sind allerdings immer um eine Spur raffinierter gewesen. Wir Kärntner sind geerdeter, fallweise fast ein bisschen asketisch ... Man spürt die uralte kulinarische Tradition Norditaliens, deren aristokratisches und später auch bürgerliches Erbe. Uns fehlt es dagegen oft an Selbstbewusstsein, das merkt man in vielen Bereichen. Ich denke, das dürfte an unserer Randlage liegen, die historisch ihren Bewohnern immer auch Angst gemacht hat.

Die Küche eines Landes ist eigentlich ein ziemlich klarer Spiegel der Art seiner Einwohner. Denn in der Küche finden sich die prägendsten Einflüsse wie Klima, Landschaft, die wirtschaftliche Situation oder kulturelle Einflüsse wieder.

Ja, unbedingt! Die zwei wichtigsten Dinge im Leben des Menschen sind die Liebe und das Essen. Die Küche ist deshalb eine präzise Sprache, die von einem Land und seinen Menschen erzählt. Bei uns finden Sie im Leben wie auch in den Rezepten der Alpe-Adria-Küche die slawische Schwermütigkeit und die damit verbundene Herzlichkeit plus das italienische dolce far niente in Verbindung mit der Erdverbundenheit des Bergbauern. Das Leben an der Schnittstelle zu drei großen Sprachen und Kulturen ist unser Reichtum.

Als Bergvolk sind wir nicht so strebsam wie die Tiroler, dafür ist unsere Küche und wohl auch unsere Lebenseinstellung verspielter, bei uns sagt man »loss lei laafn«, lass es einfach laufen. Wir sind nicht so schnell, wir warten, wie sich die Dinge entwickeln, bei uns geht es oft ein bisschen langsamer, was natürlich nicht nur positiv ist. Aber aus meiner Sicht sind das die hellen Seiten unserer Mentalität und die überwiegen ja mehr und mehr.

Dieses Buch hat das Ziel, Unternehmern und Führungskräften, die sich mit dem Gedanken tragen, in den Lakeside Park zu ziehen, das Forschungszentrum sowie Land und Leute auf eine sprachlich und visuell etwas kulinarischere Art schmackhaft zu machen, als das im Rahmen von Unternehmenskommunikation sonst üblich ist. Könnten Sie einem ausländischen Manager Kärnten, sagen wir mal in fünf Gängen, erläutern?

Das ist ganz einfach. Ich stelle Ihnen ein Menü in fünf Rezepten zusammen. Wer das kocht und mit Familie oder Freunden genießt, weiß dann sehr viel über dieses Land.

Wo spüren Sie die slawischen Einflüsse im Kärntner Wesen?

Das Slawische wird bei uns gerne verdrängt, am liebsten würden wir uns nur mit dem Italienischen identifizieren. Aber in unserer Musik merkt man diese Anteile wie kaum irgendwo anders. Diese schwermütigen, vielstimmigen, wunderbaren Lieder offenbaren eine tiefe Gefühlswelt, die auf die Fähigkeit hinweist, mit dem Herzen verbunden zu sein.

Gleichzeitig hat Kärnten auch eine starke nationale Tradition. Abgrenzungen zum Slawischen sind hier bis in die Gegenwart herauf immer wieder spürbar. Die jüngsten Auseinandersetzungen um das Aufstellen zweisprachiger Ortstafeln in Gemeinden mit einem signifikanten Anteil an slowenischsprachigen Kärntnerinnen und Kärntnern zeigen, dass dieser Konflikt auch heute noch lebendig ist.

Aus meiner Sicht entspringt diese Haltung dem vorhin angesprochenen mangelnden Selbstvertrauen. Es ist nicht genug, das zu sein, was man ist, sondern man muss auf einem Nationalstolz beharren, man muss sich aufpumpen und auf das eigene Bessersein pochen, weil das Ich, die eigene Identität, bedroht ist. Das scheint tief in uns eingeprägt zu sein.

Aber das Um und Auf des Essens ist die Tischgemeinschaft, dort finden die entscheidenden Dinge statt.

Als allererstes die Erkenntnis, dass das, was mich so fürchterlich stört am Anderen, ein unaufgelöster Bestandteil meiner Selbst ist.

Ich habe eigentlich für mich immer in Anspruch genommen, ein liberaler Mensch zu sein und bin im zarten Alter von dreißig Jahren darauf gekommen, dass ich in meinem ganzen Leben noch nie in Slowenien war. Also bin ich hinuntergefahren und habe mich … naja, dort wirklich unwohl gefühlt. Da ist mir klar geworden, wie stark diese Vorurteile in unserem Unterbewusstsein wirken. Obwohl ich natürlich die Landschaft objektiv prachtvoll finde und die Menschen freundlich. Das war eine außergewöhnliche Erfahrung mit dem Fremden in mir selbst, mit Gefühlen, deren Existenz mir überhaupt nicht bewusst waren.

Durch die politische Integration der EU, denke ich, wird sich jetzt aber sicher vieles bewegen. Für mich in jedem Fall, weil ich mich mit diesem Kulturraum ganz bewusst auseinandersetzen will.

Das große Thema des Lakeside Parks ist die Kooperation – die Begegnung zwischen Menschen unterschiedlicher Fachbereiche, Unternehmen und auch Kulturen, die sich beruflich ergänzen und dadurch bereichern. Wie ist Ihre Erfahrung mit beruflichen Kooperationen?

In den letzten Jahren ist mir zunehmend bewusst geworden, dass Gemeinschaft für mich eine ganz wichtige Sache ist. Von meiner Natur her bin ich eher eine Einzelkämpferin. Das erklärt sich aus meiner Geschichte als Chefin dieses Hauses und Mutter von vier Kindern. Da gibt es dann nicht mehr vieles außerhalb, was ja auch ganz logisch und richtig ist, da meine familiäre Aufgabe in dieser Zeit war, mich ganz darauf zu konzentrieren.

Aber jetzt, wo dieser Kinderpart abgeschlossen ist, wurde für mich Gemeinschaft zunehmend bedeutsamer. Das ist heute auch meine ganz persönliche Botschaft: die Tischgemeinschaft ist das Wichtige. Es geht beim Kochen nicht darum, wieder ein neues sensationelles Menü zu liefern – natürlich ist das für die Bewertung in den Gourmetführern wichtig, das geht praktisch einher.

Aber das Um und Auf des Essens ist die Tischgemeinschaft, dort finden die entscheidenden Dinge statt. Und das ist letztlich die Substanz meiner Arbeit, die ich transportieren will.

Es geht um zuhören, danke sagen, sich einlassen auf das, was dort passiert und wenn man dazu in der Lage ist, geschieht manchmal etwas Magisches, etwas Geheimnisvolles. Ein Hinweis darauf ist die Eucharistiefeier im Christentum, die ja auch ein gemeinsames Mahl ist und das Herzstück der christlichen Spiritualität.

Die Tafel führt uns auf ganz zwanglose Weise zusammen und gleichzeitig liegt dahinter ein Ritual mit spezifischen Regeln der Aufmerksamkeit und Kommunikation.

Genau darum geht es. Ein großer Teil unserer Sozialisation fand doch im besten Fall am Esstisch statt. Wir haben dort Kultur gelernt, uns anzupassen, zuzuhören, vor anderen zu sprechen, zu argumentieren. Leider ist das etwas verloren gegangen, aber ich denke, wir könnten es schnell wieder erlernen.

Was sind denn für Sie jene Zutaten, die eine geglückte Gemeinschaft ermöglichen?

Als allererstes die Erkenntnis, dass das, was mich so fürchterlich stört am Anderen, ein unaufgelöster Bestandteil meiner Selbst ist. In dem Moment, wo ich das begriffen habe, kann Gemeinschaft entstehen, weil ich mich – und das ist sehr unangenehm – mit mir selbst auseinandersetzen muss und dann den Anderen in seinem Sosein annehmen kann und damit letztlich mich selbst.

Eine andere Fähigkeit, in Gemeinschaft zu treten, ist die Abgrenzung. Man muss ja nicht mit jeder und jedem können. Dies heißt aber wiederum, den Anderen so sein lassen zu können wie er ist.

Und erst, wenn die Führungspersönlichkeiten in sich gereift sind und am richtigen Platz stehen, kann man ein Team bilden! Das ist die zentrale Aufgabe.

Ein Spitzenrestaurant ist in einem besonderen Maße das Ergebnis eines perfekten Zusammenspiels zwischen Küche, bewusst gestaltetem Ambiente und Service, also eine Teamleistung. Was tun Sie als Führungskraft, um die Zusammenarbeit zwischen Ihren Mitarbeiterinnen und Mitarbeitern zu stärken?

Sie sprechen damit den schwierigsten Prozess unserer betrieblichen Laufbahn an, weil ich aus einem ganz anderen Hierarchie- und damit Führungsverständnis komme. Ich stamme aus einer uralten bäuerlich-gastronomischen Tradition, in der Frauen entscheidende Funktionen innehaben, unglaublich viel arbeiten, sich ausschließlich über ihre Leistung definieren, aber über wenig Entscheidungsbefugnisse verfügen. Geführt wurden diese Betriebe immer von Männern. Die Männer sind in absoluten Machopositionen. Bei meiner Mutter war das noch genau so, diese Wirtinnen und Bäuerinnen waren damals wirklich starke und auch dominante Frauen, aber letztendlich hatten sie nichts zu sagen.

In meiner Generation bekam dieses System durch die Emanzipation Risse und brach auf. Eskaliert sind diese Fragen dann, als unsere vier Töchter zu Frauen heranreiften und dies massiv thematisierten. Da brach die Revolution dann aus. Denn Kinder spüren ganz deutlich, wenn die Positionsbesetzungen der Eltern nicht in Ordnung sind.

Das war die entscheidende Herausforderung in der Zusammenarbeit mit meinem Mann, der mit mir gemeinsam das Haus führt: ein Mittelmaß zu finden. Seine Stärken zu leben und auch dazu zu stehen und gleichzeitig den Partner in seinem Lebensraum, seinen Fähigkeiten und Kenntnissen anzuerkennen. Also die jeweiligen Führungsbereiche klar zu trennen, sodass jeder seinen Part leben kann. Das war schwierig für uns, sicher der längste Lernprozess unserer Ehe und unseres betrieblichen Daseins.

Was Sie erzählen, trifft ebenso in hohem Maße auf rein betriebliche Führungsstrukturen zu. Auch Mitarbeiter reagieren auf unklare Positionen und Rollen im Management und Führungsteams kommen um Fragen der Stimmigkeit von Verantwortung und Einfluss nicht herum.

Und erst, wenn die Führungspersönlichkeiten in sich gereift sind und am richtigen Platz stehen, kann man ein Team bilden! Das ist die zentrale Aufgabe. Und auch in diesem Zusammenhang glaube ich, dass wie vorhin schon angesprochen, die Schwäche des Mitarbeiters in erster Linie ein Hinweis auf den Mangel der Führungskraft ist. Vielleicht habe ich also nicht präzise kommuniziert oder ich fahre in einem Punkt keine klare Linie oder ich muss das Thema loslassen und begreifen, dass diese Mitarbeiterin es vielleicht wirklich besser kann als ich … Das sind meiner Meinung nach die wichtigsten Kriterien. Wenn ich in der Lage bin, so zu reagieren, dann können Teams wirklich erfolgreich sein.

Im Übrigen stelle ich Mitarbeiter viel eher nach persönlichen Gesichtspunkten ein als nach fachlichen und wenn ich mich für jemanden entscheide, lasse ich mich auch voll ein auf sie oder ihn. Das spüren unsere Leute natürlich.

Also grundsätzlich ist meine Erfahrung, dass ich mit zunehmendem Alter immer klarer werde, handwerklich besser, viel Ballast abwerfe.

Was glauben Sie, machen Sie im Kontakt mit Ihren Kunden besonders gut?

Ich glaube, dass die Sensibilität der Kunden, ob eine Leistung oder ein Produkt stimmig ist, in den letzten Jahren ganz merkbar gestiegen ist. Vor wenigen Jahrzehnten konnte man mit Fassaden, Dekoration und eingekauftem Stil noch wirklich erfolgreich sein. Heute läuft viel über nonverbale Kommunikation, über die Übereinstimmung von Persönlichkeit, Atmosphäre und Produkt. Ein Schweizer Tourismusexperte sagte einmal »lieber High Touch als High Tech«. Unsere Klientel – und das ist natürlich ein kleiner Ausschnitt aus der Gesellschaft – ist wahrnehmungsfähiger geworden, es gibt eine spürbare Sehnsucht nach dem Echten, Ungekünstelten und ich nehme eine Abkehr von rein materialistischen Werten wahr.

Bei uns stimmt immer wieder in besonderen Momenten der Händedruck, die Karte, das Haus, das Lächeln der Kellnerin zusammen, das ist es.

Wie kommen Sie auf Ideen, neue Kreationen, wie kommt das Neue in Ihre Arbeit?

Also grundsätzlich ist meine Erfahrung, dass ich mit zunehmendem Alter immer klarer werde, handwerklich besser, viel Ballast abwerfe. Mein Beruf ist zwar wirklich stressig und man verliert an körperlicher Kraft, macht dies aber mit dem Zuwachs an Routine und Wissen wieder wett.

Zwischenfrage, apropos Stress in der Küche: Es gibt dieses Vorurteil, dass vor allem Chefköche extreme Choleriker seien, ihre Mitarbeiter tyrannisieren, in der Küche herumschreien …

… das stimmt wirklich, aber ich kann das schon aus rein gesundheitlichen Gründen nicht machen. Bei mir ist's eher ruhig in der Küche, aber ich hab auch Verständnis für diese verrückten Kollegen, denn die physische und psychische Belastung dieser Arbeitssituation ist enorm.

Gute Köche arbeiten ja auf die Sekunde genau.

Ja, das ist ein Sekundengeschäft. Und es kommt noch was dazu: Mit sechzehn habe ich ein Praktikum in einer ganz klassischen Männerküche absolviert, wo Übergriffe aller Art an der Tagesordnung standen und ich hab mich lange gefragt, warum die Köche solche Schweine sind. Das ist mir in meinem Leben nicht mehr passiert … Ich habe nie am Bau gearbeitet, aber dort sind die Männer unter sich, da sind solche Umgangsformen ja kein Malheur, weil sich niemand bedroht fühlen muss.

Meiner Meinung nach ist der Grund für diese Atmosphäre, weil Kochen eine so sinnliche Angelegenheit ist, alle Sinne sind angesprochen und Köche sind auch sehr sinnliche Menschen und auf dieser Gratwanderung rutschen viele dann ab. Sexualität und Essen ist ja die reine Nachbarschaft.

In Ihrer Küche bedeutet Sinnlichkeit, die Gerichte immer mehr auf den Geschmack der verwendeten Lebensmittel selbst zu reduzieren. Stimmen Sie dem zu, dass sich bei Ihnen eine Weiterentwicklung vollzieht, indem Sie immer mehr reduzieren, vereinfachen?

Einerseits Reduktion in den Materialien, aber auch Konzentration auf das Gesamterlebnis. Der Teller soll nicht allein im Vordergrund stehen, sondern ein Mosaikstein des Aufenthalts in unserem Haus sein.

Eine große Küche ist eine, die jeder versteht, die man nicht mehr zu erklären braucht, die keine Namen mehr benötigt. Dort beginnt dann die Magie. Das Ziel ist, letztlich immer authentischer zu kochen, sodass man sagt, das ist unverwechselbar Sonnleitner.

Kärnten für Anfänger – ein kulinarisches Portrait in fünf Gängen von Sissy Sonnleitner

Lachsforelle in saor mit Polenta

- 2 Lachsforellenfilets
- 6 mittelgroße Schalotten
- 1 dl Olivenöl
- 4 Esslöffel Apfelessig
- 2 dl Fischfond
- Salz, weißer Pfeffer

Geklärte Butter zum Braten. Die Lachsforellenfilets in kleine Schnitzel schneiden und dachziegelartig auf ein Blech legen. Die Schalotten in feine Streifen schneiden, in Olivenöl anlaufen lassen, salzen und im eigenen Saft weichdünsten, mit Apfelessig und Fischfond aufgießen und zugedeckt ganz weich kochen. Lauwarm auf die Lachsforellenschnitzel gießen und 10 Minuten bei 50° garen. Lauwarm oder bei Zimmertemperatur servieren.

Für die Polenta

- 4,5 dl Wasser
- Salz
- 1 Esslöffel Butter
- 90 g Polentagrieß
- 2 Esslöffel geriebener Parmesan
- 1 Esslöffel Butter zum Fertigstellen

Wasser mit Butter und Salz aufkochen, Polenta einrieseln lassen und zugedeckt bei kleiner Hitze quellen lassen. Kräftig mit Butter und Käse abrühren. Entweder frisch als weiche Polenta servieren, oder auf eine gebutterte Platte circa 8 mm dick aufgießen und erkalten lassen. Danach in Quadrate schneiden und in geklärter Butter braten.

»In saor« oder »sauer eingelegt« ist eine alte, oberitalienische Form der Haltbarmachung von Fisch. Natürlich waren dafür andere Essigmengen vonnöten und der Fisch war dann wirklich sauer!

Gailtaler Kirchtagssuppe

- 1 Hühnerkarkasse
- circa 1/2 kg Lammbrust
- einige Rindsknochen
- 35 dag Wurzelgemüse
- 1 Zwiebel
- Lorbeerblatt und Pfefferkörner

Für den Kräuterauszug

- wenig Fenchel und Anis
- 1/16 Weißwein
- je ein kleiner Bund Petersil, Thymian, Estragon und Basilikum
- einige Safranfäden, Pfefferkörner und Lorbeerblatt
- Zimt

Zum Binden

- 1/8 l saurer Rahm
- 2 Teelöffel Mehl
- 1/8 l Rahm
- 2 Dotter
- Salz, weißer Pfeffer, etwas Zimt, Zitronenschale und -saft

Weißbrotwürfel, in Butter geröstet

Aus Fleisch und Knochen mit Wurzelgemüse und Zwiebel eine Suppe kochen (das Fleisch wird für die Suppe nicht verwendet). 1/2 l von der Suppe abnehmen und mit dem Weißwein und den angegebenen Kräutern und Gewürzen circa 1/2 Stunde kochen lassen und die Suppe zurückseihen. Circa 1/4 l Suppe mit Mehl und saurem Rahm abrühren, die restliche Suppe damit binden. Den restlichen Rahm mit den Dottern verrühren und die Suppe letztendlich legieren. Nicht mehr kochen lassen. Abschmecken und mit den Weißbrotwürfeln servieren.

Im Lesachtal [die Fortsetzung des Gailtales in westlicher Richtung] serviert man zur Kirchtagssuppe »Nigilan«, dafür wird der Krapfenteig, der übrigbleibt, zu kleinen Kugeln geformt und schwimmend in Fett gebacken. Auch Reindling wird zur Kirchtagssuppe dazugegessen.

Kärntner Almschotennudeln

Nudelteig für Kärntner Nudeln

- 50 dag griffiges Weizenmehl
- 2 dl kaltes Wasser

Aus den Zutaten einen Teig herstellen und rasten lassen.

Für die Fülle

- 400 g Almschoten und Topfen gemischt (circa 2/3 Schoten)
- 220 g Erdäpfel, mehlig kochend
- 2 Esslöffel gehackte Zwiebeln
- 4 Esslöffel Butter
- 2 Esslöffel Sauerrahm
- 2 bis 3 Esslöffel Semmelbrösel nach Bedarf
- gehackte Petersilie oder Basilikum

Erdäpfel in der Schale kochen, schälen und heiß passieren. Topfen passieren oder aufbröseln und zu den Erdäpfeln geben. Butter und Zwiebel goldgelb anlaufen lassen und mit den restlichen Zutaten mischen, überkühlen lassen und zu Kärntner Nudel verarbeiten. In Salzwasser circa 4 Minuten kochen.

Garnitur: Butterschmalz und Almschoten

Almschoten ist geräucherter Topfen (Quark), ein typisches Produkt der Gailtaler Almsennereien. Auch geräucherter Ricotta von jenseits der Grenze ist dafür gut geeignet. Sowohl Almschoten, als auch Ricotta sind ganz typische Produkte der Region Carnia.

Gebratene Ente mit Linsen-Kürbisgemüse

- 1 Ente
- Salz
- Majoran

für das Gemüse

- 7 dag Linsen
- Zitronenschale und Thymian
- wenig Essig
- 20 dag geschälter Kürbis (gelbfleischiger; ersatzweise Karotten)
- gehackte Schalotten
- Entenfett

Die Linsen in Salzwasser mit Zitronenschale, Essig und Thymian weich kochen. Den Kürbis in kleine Stäbchen schneiden. Die Schalotten in etwas Entenfett anlaufen lassen, den Kürbis dazugeben, salzen und zugedeckt im eigenen Saft garen, die Linsen dazugeben und vor dem Servieren mit dem Saft aufgießen.

Für die Sauce

- das Entenklein
- 15 dag Wurzelgemüse
- 1 Zwiebel
- 1 kleiner Apfel
- 1/4 l Rotwein
- 1/2 Zimtrinde
- 1 Nelke
- Majoran
- etwas Mehl zum Stauben
- 3 dl Kalbsjus
- 1/4 l Wasser

Das Entenklein anrösten, Wurzelgemüse, Zwiebel und Apfel dazugeben, weiter rösten, stauben, mit Rotwein, Wasser und Jus aufgießen, die Gewürze dazugeben und circa 40 Minuten köcheln, abseihen und nach Bedarf binden. Abschmecken.

Dolce di mele

Für die kandierten Orangenschalen
- 30 dag Orangenschalen
- 100 g Zucker
- 1 dl Wasser

Die Orangenschalen (ohne weiße Haut) in feinste Streifchen schneiden und blanchieren (Wasser nicht verwenden). Wasser mit Zucker aufkochen, die Orangenzesten zufügen und für circa 30 Minuten zugedeckt köcheln lassen.

- 150 g Kristallzucker
- 50 g Butter
- 2 kg Äpfel
- Zitronensaft
- Butter zum Ausstreichen der Form
- 200 g Zucker mit wenig Zimt gemischt zum Einschichten der Äpfel

Die erste Zuckermenge karamelisieren, Butter und circa 3 Esslöffel Wasser dazugeben. Durchkochen. Äpfel schälen, das Kerngehäuse ausstechen und die Äpfel dünn aufhobeln. Dicht in eine mit Folie ausgekleidete Schüssel (circa 20 cm Durchmesser) einschichten und dazwischen immer mit Karamel, Orangenzesten und dem Zimt-Zuckergemisch versehen (ein paar Zesten für den Obers reservieren). Die Füllung kann den Rand der Form ruhig um einige Zentimeter übersteigen. Mit Alufolie abdecken und im Wasserbad im Rohr bei 110° vier (!) Stunden garen. Abkühlen lassen, leicht beschweren und einige Stunden kühlstellen. Tortenstücke abschneiden. Den ausgetretenen Saft reduzieren und als Sauce dazuservieren.

- 3 dl Obers

Den Obers zu Schlag schlagen und die übrigen Zesten unterheben.

»

Die Diskussion über die Notwendigkeit physischer Räume im Zeitalter der digitalen Kommunikation: Braucht es heute tatsächlich noch Gehäuse, um zu arbeiten, ja um sogar erfolgreicher zu arbeiten, als allein vor meinem Schirm hinter den sieben Bergen? Reicht ein dickes Kabel für meine Verbundenheit mit der Welt?

«

Erhard Juritsch
Vorstand des KWF | Kärntner Wirtschaftsförderungs Fonds und Geschäftsführer der Lakeside Science & Technology Park GmbH

Lakeside Science & Technology Park GmbH | Lakeside B01 | A-9020 Klagenfurt | Austria
Telefon (+43-463) 22 88 22-0 | Fax 22 88 22-10 | info@lakeside-scitec.com | www.lakeside-scitec.com
FN 225787 S Landesgericht Klagenfurt | ATU 55750609 | DVR 2110837

Konzeption und Projektleitung
Maria Mack, Standortleiterin des Lakeside Science & Technology Parks
Konzeption, Interviews, Textierung und Redaktion
Hans-Joachim Gögl, Strategie und Kommunikation, Bregenz
Konzeption, visuelle Gestaltung und Produktion
Clemens Theobert Schedler, Büro für konkrete Gestaltung, Wien
Fotografie
Claudio Alessandri, Assistenz: Maurizio Maier, Wien
Reproduktion, Bildbearbeitung, Druckvorstufe
Boris Bonev, Wien
Korrektorat
Christoph Strolz, Wien
Druck und Bindung
Druckerei Theiss, St. Stefan
Schrifttypen
DTL Prokyon von Erhard Kaiser | TEFF Collis von Christoph Noordzij
Papiere
Gmund Contact 45, 100 g|m², Gmund Colors 59, 100 g|m²
Alterna Design, naturweiß, 120 g|m²
1. Auflage
3.000 Exemplare im November 2004

Wieser Verlag
Klagenfurt – Wien – Ljubljana - Sarajevo
Ebentaler Straße 34b
A-9020 Klagenfurt | Celovec
Telefon (+43-463) 370 36
Fax (+43-463) 376 35
office@wieser-verlag.com
www.wieser-verlag.com

ISBN 3 85129 496 3

Herzlichen Dank
allen unseren Gesprächspartnerinnen und Gesprächspartnern
für Begegnung und Austausch
sowie an das Restaurant »Dolce Vita« in Klagenfurt,
das unser Interview und die Fotoaufnahmen
mit Lojze Wieser sowohl räumlich, als auch kulinarisch
aufs Angenehmste bereicherte.

EUROPÄISCHE GEMEINSCHAFT
Europäischer Fonds für regionale Entwicklung